# DESPERTAR

ANA MARÍA GODÍNEZ GONZÁLEZ

# DESPERTAR

D.R.          © 2009,  Ana María Godínez González
              www.despertemos.net

Publicado por:     © 2009, Ignius Media Innovation,
                   León, Guanajuato, México
                   +52 (477) 773—0005
                   www.igniusmedia.com

Diseño de Cubierta:      Pablo Vázquez, MyBrand
Diseño de Interiores:    Jesús Godínez González
Corrección de Estilo:    Luz del Carmen Rábago Virgen
Fotografía:              Gustavo Hernández

Primera Edición:    Diciembre, 2009
ISBN:               978-607-00-2007-0
Registro de Autor:  03-2009-101210005400-01

# AGRADECIMIENTOS

Agradezco a la vida las oportunidades que me ha dado de conocer a excelentes personas y grandes maestros que, sin duda me han inspirado y marcado mi aprendizaje a lo largo de los años y que han sido una pieza clave en mi *Despertar.*

Agradezco a Gustavo la oportunidad que me brinda de día a día despertar y estar a su lado, de seguir compartiendo y aprendiendo de la vida y juntos estar haciendo una historia por más de 18 años.

Agradezco a la naturaleza y en especial al mar, que me proporcionaron toda la inspiración, energía, fuerza y determinación para haber concluido este sueño y a Luz del Carmen, por el excelente trabajo realizado como mi editora.

Te agradezco a ti por haber tomado este libro en tus manos y permitirte confiar en mí y conocer algo más que, con certeza, influirá y marcará tu desarrollo personal.

# DEDICATORIA

Este libro está dedicado a mis papás. Un hombre y una mujer excepcionales y cuya experiencia de vida me ha marcado y ha permitido que yo, Ana, sea lo que soy y simplemente sea yo.

Papá y Mamá: Este libro es una parte de mi agradecimiento por todo lo que me han enseñado; su fortaleza y lucha por siempre salir adelante, me han convertido en una mujer fuerte y segura de sí misma.

Mi mayor agradecimiento y tributo es entregarles este libro como prueba de lo que ustedes han inspirado mi vida.

Gracias con todo mi Ser y mi corazón.


**Ana María Godínez.**

# PRÓLOGO

Es una maravilla que tengas en tus manos este preciado libro, pues es por alguna razón buena y positiva que te encuentras frente a este legado de experiencias plenas, prácticas y aplicables que te ayudarán a mejorar tus relaciones y tu forma de vida, explicado de una manera atractiva y clara por una experta y prueba viviente en la materia: Ana María Godínez.

Ana es una persona fuera de serie, y he tenido la fortuna de compartir con ella experiencias, retos, charlas, pláticas, sueños, alegrías, negocios, pasiones y muchas otras cosas más por décadas, y hasta el día de hoy no existe un espacio en donde deje de sorprenderme y admirarme su determinación para hacer que las cosas sucedan de una manera ágil y simple, así que te comentaré algo de su vida para que tengas una imagen inicial de ella.

Ana siempre ha sido muy emprendedora y tiene un gusto especial por la cocina, lo que la ha llevado a experimentar con diferentes aromas, sabores, texturas y demás ingredientes para lograr platillos espectaculares, y esa misma habilidad y pasión siempre la había demostrado en los productos y servicios que sus emprendimientos ofrecían.

Sin embargo, un evento en su vida la ayudó a que sus habilidades, sensaciones y formas de ver al mundo se agudizaran y se dispararan a una alta velocidad y con una energía admirable. En ese momento, gracias a la suma de grandes maestros y circunstancias especiales que aparecieron en su vida ella literalmente: ¡Despertó!

Ana pensaba que había llegado muy lejos hasta donde había llegado antes de este evento, pero al *Despertar* se daría cuenta que esos logros no se parecían en nada con todo lo que estaba a punto de sucederle y de lograr.

Fue a partir de ahí que en un período de menos de 5 años, hizo cosas que a mucha gente le puede llevar el doble o triple de tiempo, e incluso nunca lograrlas; muchas de ellas sin antes haberse enfrentado nunca a algo parecido como: hablar ante auditorios de más de 1,000 personas, desarrollar una habilidad de ventas magnéticas, crear nuevas empresas de escala internacional a partir de poca inversión, estudiar, aprender y comprender gran cantidad de conocimientos en muy poco tiempo, romper barreras culturales e ideológicas, diseñar y simplificar herramientas y conceptos para que sean mejor comprendidos y aplicados; sin dejar de mencionar el que ha colaborado con una enorme cantidad de organizaciones para que obtengan mejores resultados dentro y fuera de México. ¡Tú ya te podrás imaginar los beneficios en todos los ámbitos que en resumen ella ha obtenido a partir de ese momento!

Y algunos se preguntan: "Pero, ¿cómo está su vida y relaciones personales con esa dinámica de trabajo y de éxitos?, y lo que puedo decirte es que el mayor beneficio que ha traído consigo ese *Despertar*, es que cada vez tiene más tiempo para disfrutar la experiencia de ser humano y cultivar, amar y acrecentar sus más queridas relaciones. Porque lo que descubrió es que no se trata de aplicarte infructuosamente en un esfuerzo desgarrador, aislante y sin fin que te aleja de ti misma y de tus seres amados; sino que se trata de comprender las claves esenciales que se convertirán en tus aliados que te ayudarán a transformar tu vida en aquello que desde lo más profundo y bueno de tu alma y de tu Ser estás buscando, al mismo tiempo que estás más en armonía y dedicas más atención para crecer como persona, vivir plenamente y al máximo con tu pareja y familia, y lograr una dicha y plenitud social.

Me siento muy orgulloso de poder compartir estas breves palabras contigo porque sé que cada uno de los párrafos que Ana puso en este libro fueron escritos con la más clara intensión de ayudar a miles y miles de personas alrededor del mundo de la manera más honesta y transparente. Yo soy testigo de su *Despertar* y de toda la buenaventura que ha tenido al ser así de generosa y sencilla; tanto al estar ante una gran audiencia, un proyecto de grandes dimensiones o al estar disfrutando de una amena charla con su café favorito: un latte vainilla.

¡No dejes pasar ni un minuto más!, sumérgete en este transformador y ágil libro que te ayudará a ver y vivir cosas muy positivas que nunca antes has experimentado, porque estoy seguro que la voluntad de Ana, de compartir lo importante y de siempre cumplir lo que promete sumada a tu voluntad, crearán un mundo mejor a tu alrededor.

¡Te deseo una feliz lectura y que tus mejores intensiones se hagan realidad al *Despertar* !

**Gustavo Hernández Moreno**
Co-Autor de *El Prodigio*
Empresario, Inventor, Productor y Editor.

# ÍNDICE

# INTRODUCCIÓN

Hola, mi nombre es Ana María y a lo largo de este libro quiero compartirte mi experiencia en mi camino al éxito, un camino que sin duda inició con mi *Despertar*.

Al tener este libro en tus manos, estoy consciente de tu interés por mejorar en algún aspecto de tu vida[1] y aunque no te conozco personalmente, te agradezco el interés, te felicito y me comprometo a darte lo mejor de mí al apoyar tu desarrollo y crecimiento personal.

*Despertar* para mí es más que un libro, es una parte de mí que quiero compartir y dejar como legado para las generaciones futuras. Mi intención[2] más profunda es mostrar mi experiencia y las diferentes acciones que llevé a cabo y seguiré llevando el resto de mi vida, pues nunca quiero volver a dormir, quiero seguir sintiendo esta felicidad que me permite día a día sentirme más viva y plena.

A lo largo de esta charla contigo entenderás como toda persona puede *Despertar* y hacer la diferencia en su vida personal o profesional, la realidad es que para poder *Despertar* y lograr todo lo que has soñado en tu vida, debes empezar con los aliados claves que son: Querer y Actuar.

---

[1] Vida: Espacio de tiempo que transcurre desde el nacimiento hasta la muerte.
[2] Intención: Idea o propósito que se persigue con cierta acción o comportamiento. Del latín intentio, intentionis, "tensión", "acción", "esfuerzo hacia un fin."

En mi experiencia como ser humano, empresaria, escritora y consultora de negocios he podido reunir a través de muchos años de investigación y acción, algunos aliados claves que directamente influirán en tu *Despertar* si tú también los llevas a la acción.

Mi enfoque e intención clara y todos los esfuerzos que representa este libro son con el único objetivo de aportar algo muy valioso a la sociedad, a nuestro entorno. Mi compromiso contigo y con cada persona que tenga en sus manos este libro es desearles lo mejor en este camino de superación; y cuya única responsabilidad[3] es nuestra y deseo que algo de aquí te haga sentido y si tú lo decides, lo lleves a la acción.

Y como no me gusta ser tan rollera, y si te parece bien, ¡Vamos a comenzar.....!

---

[3] RESPONSABILIDAD: La capacidad de uno para ser responsable de sus actos y de sus resultados.

# EN CONTEXTO

Las personas que han podido estar en contacto en nuestros entrenamientos saben y entienden que para comprender, ejecutar e implementar una nueva información, debemos de ampliar nuestro contexto.

Entendiendo por contexto la experiencia de vida, la experiencia profesional, el entorno con el que has estado en contacto, tus relaciones personales, tu familia, los viajes y toda experiencia de crecimiento o exposición que hayas tenido hasta este momento.

Al comprender el significado y la aplicación de contexto sin duda comenzarás a entender que cada persona tenemos un contexto diferente de acuerdo a todo lo que anteriormente te mencioné y debido a esto, es importante que antes de empezar a comentarte mis mejores recomendaciones para ti, debo aclarar y poner en tu contexto algunos puntos esenciales para que este libro que tienes en tus manos sea de utilidad y apoye tu crecimiento y sobre todo que valga la pena el tiempo que invertirás en él.

Dicho lo anterior, comencemos: Estarás de acuerdo conmigo en que todas las personas hablamos de éxito y que queremos ser exitosas en nuestra vida y en todo lo que hacemos, sin embargo, no sé si has hecho un alto y te has puesto a reflexionar en qué es éxito para Ti. Sí, leíste bien.

Muchas veces lo que pasa con una sola palabra tan simple es que no la entendemos y nos emprendemos en una aventura que no sabemos hacia dónde vamos o qué estamos buscando y al no alcanzar el éxito que alguien nos dijo, que pensabas o tenías en mente, resulta que te sientes frustrada, desmotivada, agobiada y ya no encuentras una salida, y llega un momento en tu vida que consciente e inconscientemente desistes, renuncias y dices: "Ya no quiero ser exitosa, el éxito es malo, las personas exitosas que tienen dinero no son felices", etc.

Lo grave de este punto es que muchas veces hemos renunciado a seguir adelante en el desarrollo y en la búsqueda de sentirnos plenas y exitosas y entonces comenzamos a dormirnos estando vivas, y con todo un potencial encerrado dentro de ti y de cada una de nosotras.

La buena noticia es que: *¡El éxito sí existe y está en el interior de tu propia mente!*, y para creer todo esto que te digo, debemos de tener en mente que el éxito es algo bueno y que nos hace sentir extremadamente bien. Sé que en este momento en tu mente aparece una imagen clara y son dos signos de interrogación y la siguiente pregunta: "¿Oye Ana, y qué entonces es el éxito?". Bueno, desde mi punto de vista y experiencia, el éxito comprende cuatro puntos claves y que estoy convencida de que debemos de ponerles atención. Considero que una persona es exitosa cuando tiene una armonía hacia su interior y hacia el exterior en la parte: *física, emocional, espiritual y financiera.*

Sí, una persona es exitosa cuando alcanza niveles armónicos en su parte emocional, espiritual, física y financiera. Sí, leíste bien. El éxito no necesariamente sólo tiene que ver con tener mucho dinero o un buen coche o cosas extremadamente caras, el éxito es sentirte plena, feliz, con ganas de vivir y tener un mundo de opciones y posibilidades para hacer todo lo que te hayas propuesto en tus metas, sueños u objetivos.

Una definición que me encanta y realmente la he aprendido para no confundirme y buscar un éxito verdadero, ha sido la definición que algunos años atrás, Napoleón Hill nos compartió. Para este gran ser humano y maestro el éxito: «*Es el desarrollo del poder con el que uno consigue cualquier cosa que desea en la vida sin interferir con los deseos de los demás*».

Para mí, esta definición me pone en el contexto correcto ya que claramente nos explica que podemos obtener lo que queremos en la vida desarrollando un poder interno que, nos ayudará e impulsará a conseguirlo, pues es cierto que soy o seré exitosa en la medida que no dañe o viole los derechos de otros y esto, estarás de acuerdo conmigo, que es una ley natural que está presente en el universo.

Ahora entremos al punto de que ya tenemos una definición clara y ahora lo que sigue es: "¿Y cómo le hago?". Bueno, pues para esto a partir del siguiente capítulo compartiré contigo algunos aliados claves que verdaderamente te apoyarán y acompañarán a lo largo de este libro y si decides llevar tu aprendizaje a la acción, seguro te acompañarán también en toda tu vida.

Y antes de terminar este capítulo e iniciar esta aventura juntas, me gustaría poner un reto en tu mente, y es el siguiente: Te reto a descubrir por qué este libro lo he llamado *Despertar* y en su momento juntas exploraremos tu conclusión.

## ALGO MÁS

Antes de iniciar con esta aventura de crecimiento personal me gustaría comentarte que a lo largo del libro encontrarás el significado de cada una de las palabras claves. El objetivo de dedicar un espacio a esta explicación, es debido a que, muchas veces en nuestra vida al momento de estar leyendo aparecen palabras que no sabemos realmente qué significan o probablemente tengamos en mente un significado erróneo y de acuerdo a diversos estudios que se han realizado, esto afecta a que estas palabras no tengan el impacto que debieran en nuestra formación o crecimiento o simplemente perdamos el interés al no entender con exactitud a qué se refieren, es por ello que mi mejor recomendación es que revises el significado de cada una de estas palabras para que siempre tu mente tenga claridad y no permitas que la confusión haga su aparición.

Para ayudarte a una mejor comprensión, he adaptado algunas definiciones, (que encontrarás en letras mayúsculas), para entender claramente la idea que quiero expresarte.

# Primera llamada

# Capítulo I

## Agradecimiento

Sí, estás en lo cierto, como en el teatro: "Primera llamada", para prepararnos antes de empezar una experiencia que será inolvidable y que siempre recordarás.

Llamaré a escena a uno de los personajes que tendrá un papel destacado y que invariablemente deberá estar presente en tu vida y es el: Agradecimiento.

Agradecimiento[4] es una palabra simple que abarca uno de los sentimientos más bellos y perfectos de la humanidad en esta aventura que llamamos Vida. Día a día debemos agradecer por lo obtenido hasta este momento.

Ahora hablaremos con Agradecimiento para que nos exprese de su viva voz y experiencia cómo él puede apoyar a que día a día tengamos una mejor calidad de vida.

«Hola, como ya dijo Ana, soy **Agradecimiento** y lo que te puedo decir sin ser presumido, es que yo puedo aportar satisfacción a tu vida, pues sé que hasta este momento has obtenido grandes cosas, ¡Sí, has obtenido grandes cosas! y posees grandes cosas, eres una persona que sabe leer; sí, aunque te de risa es cierto, mucha gente hoy en el mundo no tiene esta habilidad; eres una persona que está viva, que tiene poca o mucha familia y esto aplica también a los amigos o relaciones que te hacen sentir feliz; eres una

---

[4]Agradecimiento: Sentimiento o muestra consciente de gratitud por algo recibido.

23

persona que tiene muchas capacidades y un potencial infinito que sólo tú puedes explorar y aprender de él y que si no las has hecho hasta ahorita, te darás cuenta de que tienes algo muy grande que te espera dentro de ti para ser potencializado.

Ya sé, probablemente en este momento dirás: "Sí, pero también tengo cosas malas, negativas, cosas que no quiero"..... y justo aquí yo te digo: ¡Ssshhhhhhttt!, ¡calla!, ya es mucho tiempo de estarte quejando sea mucho o poquito, —perdón por ser tan atrevido—apenas y te conozco, pero dame chance y me comprenderás al final de mi charla contigo.

Sí, para ser agradecida primero debes de ver todo lo bueno que tienes en tu vida, probablemente ya tienes bastantes años aletargada o estacionada en una vida que no funciona, que no te va como quieres, que no tiene salida, etc.; —si es tu caso—, la buena noticia es que se puede salir de ahí con algo muy simple y básico que si lo comienzas a implementar a partir de esta noche, con toda seguridad te ayudará a quitar las telarañas y parte de los pensamientos que te tienen paralizada.

Mi mayor recomendación y mi participación en esta experiencia que está por comenzar es: Recordarle a cada ser humano que nunca se olvide de dar gracias por lo que tiene y ha conseguido hasta este momento a nivel personal, financiero, físico, emocional, material, de relaciones personales y familiares, etc.

Una de las mayores áreas de oportunidad que he observado es que muchas personas se desgastan a ellas y a otros al vivir angustiadas por lo que no tienen o por lo que quieren y se olvidan de todas las grandes cosas con las que sí cuentan.

Yo te invito ahora a que hagas una lista de todas las cosas buenas que tienes, has logrado y simplemente te has olvidado de reconocer en ti.

*Mis Agradecimientos...*

Agradezco a Dios por darme salud, por mi familia. Por tantas cosas que me regalado a lo largo de mi vida

Gracias de verdad por dedicarte estos momentos y ahora para que no quede como un simple ejercicio, te invito también a que cada noche antes de dormir pienses en tres cosas que agradeces por el día, sí, simples o grandes cosas que te sucedieron u obtuviste y tu reto es encontrar esas 3 cosas, y si un día dices pero hoy fue un día horrible, no tengo nada qué agradecer, ok, cuenta hasta diez y pregúntate: ¿El estar viva no es algo por lo que debiera de decir "gracias"?, ¿Por tener un trabajo, por tener una familia, por tener alguien en quien confiar, por tener...? y si sigues esta dinámica como un hábito como comer o dormir, te garantizo que tu andar por esta vida será más ligero, pleno y feliz.

Soy Agradecimiento, y me dio gusto poder hablarte y recuerda que todos los días me puedes encontrar dentro de tus pensamientos al momento de acostarte».

Como ves, el ser agradecida es una de las mayores herramientas que tenemos en la vida y sin duda para ser exitosa, y creo que a llegado el momento de explicarte por qué: En muchos momentos de nuestra vida probablemente hemos obtenido y alcanzando grandes cosas y otras no tan grandes, sin embargo, son cosas que algo tuviste que ver y debes de tenerlo presente siempre debido a que muchas veces nos enrolamos en una búsqueda errónea del éxito, de tu felicidad[5] o realización[6] y la realidad[7] es que olvidamos cosas muy importantes que ya hemos obtenido en nuestra vida, en mi experiencia, el siempre ser agradecida y tener presente todo lo que tengo, es un aliciente y un motivador muy importante para mí.

---

[5] Felicidad: Estado de ánimo de la persona que se siente plenamente satisfecha por gozar de lo que desea o por disfrutar de algo bueno.
[6] Realización: Logro efectivo de las aspiraciones o los objetivos vitales de una persona, y satisfacción y orgullo que siente por ello.
[7] REALIDAD: Existencia real y efectiva, es lo que verdaderamente ocurre de manera comprobada.

En mi vida he implementado el ser agradecida diariamente y lo que te puedo asegurar es que ha sido la diferencia en mi andar personal y profesional; pues hay ocasiones que tengo más de tres cosas que agradecer.

A continuación te comparto la manera en que yo redacto y escribo en mi diario cada noche mis agradecimientos.

---

**21 de marzo del 2009**

*Agradezco mi relación y matrimonio con Gustavo, en estos años he sido, soy y sé que seguiré siendo muy feliz.*

*Agradezco el estar en una bella playa en un lugar realmente inspirador y mágico.*

*Agradezco el poder estar haciendo realidad otro sueño más de compartir mi experiencia a través de este libro.*

---

Y así como ves es de sencillo implementar en tu vida el ser agradecida. Mi sugerencia es que lo lleves a la acción[8] y te dejes sorprender por las grandes cosas que tienes y por las que conseguirás en un futuro.

---

[8] ACCIÓN: Ejercer la facultad de hacer o realizar la tarea esperada, en el tiempo esperado y de acuerdo al resultado que se espera.

Para apoyar a que logres hacer de este aliado un hábito[9], mi mayor recomendación es que tomes una libreta y cada noche anotes con determinación[10] y disciplina[11] tus agradecimientos. Si haces esto durante 21 días ten la seguridad que lo harás de manera automática, pues ya habrás aprendido un nuevo hábito que es el ser agradecida.

Antes de terminar este capítulo, sé que tienes una duda y probablemente sea: "¿por qué 21 días?". Con todo gusto te explico:

Tradiciones antiguas de los sabios del Himalaya, creen que para que un nuevo comportamiento se cristalice en hábito, hay que realizar esa actividad durante 21 días seguidos.

Estos sabios dominaban el arte de crear nuevos y más gratificantes hábitos de conducta y para lograrlo repetían la misma actividad durante 21 días; ya que ellos determinaban este lapso de tiempo como el necesario para crear y fortalecer un nuevo camino neuronal.

---

[9] Hábito: Modo especial de proceder o conducirse adquirido por repetición de actos iguales o semejantes.
[10] Determinación: Valor, firmeza o resolución en la manera de actuar y que siempre conduce a un resultado.
[11] Disciplina: Conjunto de reglas o normas cuyo cumplimiento de manera constante conducen a cierto resultado.

# Capítulo II

## Soñar, Creer, Atreverse y Actuar

Un gran hombre que admiro y es un gran maestro para mí es Walt Disney, y él decía: *«Si lo pudiste soñar lo puedes lograr»*, y créeme que ésta es una de las mayores verdades que he escuchado en mi vida.

El tener claridad[12] en mis sueños o metas[13] es uno de los grandes motivadores que tengo como persona. Mi esfuerzo, dedicación[14], disciplina, congruencia[15], enfoque[16] y muchas más características se conjugan para apoyarme y hacer realidad mis sueños.

Todos, en algún momento de nuestra vida hemos tenido y seguimos teniendo sueños, sin embargo, la diferencia entre las personas que los realizan y las que no es abismal. Una persona que sueña y que concreta sus sueños entra en un círculo de: *Soñar-Creer-Atreverse y Actuar*, y esta ecuación la motiva y la repite una y otra vez.

---

[12] Claridad: Cualidad de claro. /Facilidad para percibir, expresar o comprender.

[13] META: Es un resultado conocido hacia el que se dirigen acciones y trabajo que buscan alcanzar un fin.

[14] Dedicación: Acción, atención y esfuerzo que una persona dedica a una tarea determinada.

[15] CONGRUENCIA: La acción que demuestra que una persona siempre actúa, piensa, habla y vive en armonía con sus valores.

[16] Enfoque: Acción de enfocar. /Centrar toda la atención, esfuerzo, dedicación, los cinco sentidos en conseguir o realizar lo que se tiene en mente.

Para entender claramente estos conceptos, invitaré a unos personajes que con su especial paciencia y claridad te explicarán paso a paso qué tienes que hacer para poder realizar tus sueños:

«Hola, yo soy **Soñar**,[17] y a lo largo de mi participación en esta obra que está por comenzar, interactúo con otros tres personajes esenciales y fundamentales para el proceso de concretar tus sueños.

Para empezar, debo explicarte que es elemental que analices tus sueños y con toda honestidad[18], te digas si los sueños que tienes hasta este momento son realmente tuyos o estás trabajando y esforzándote para cumplir los sueños de otra u otras personas.

Debo decirte que el desafío más grande para mí al interpretar el papel de Soñar, fue entender que muchas veces los seres humanos se pierden en los sueños de otros y cuando llega el momento de revisar qué hiciste de tu vida, te das cuenta que muchos de los sueños o el enfoque que le pusiste a tu vida no era lo que realmente querías y probablemente en este momento pienses que ya es demasiado tarde, sin embargo, nunca es tarde —si es tu caso—, existen soluciones y ya merito te las comparto.

Sí, la verdad duele,... Observa hoy a este momento, cómo te sientes. En algunos momentos te sientes frustrada por lo que aún no has hecho o lo que debiste hacer hace tiempo. Bueno, la realidad es que hoy puedes tener 20, 30, 40, 50, 60, 70 o más años y una verdad que debo decirte es

---

[17] Soñar. Una serie de pensamientos, ideas, imágenes y sensaciones que ocurren en la mente de toda persona. Desear una cosa con mucha intensidad o por mucho tiempo.

[18] Honestidad: Cualidad de una persona./ Decencia, rectitud, honradez.

que si hoy has experimentado frustración en relación a tus sueños o metas por no haberlas realizado, entre más pase el tiempo, los años y...tu vida, y que si no haces algo con eso cada vez se sentirá más feo y la frustración seguirá creciendo.

Si con esto que te digo piensas que soy un pesimista o un fatalista, debo decirte que nada de eso es cierto, sino que estoy siendo realista y sinceramente quiero apoyarte en tu crecimiento.

Si te identificas con todo lo anterior que te he comentando, te pido de favor no te sientas mal o te culpes por todo lo que has vivido hasta este momento de tu vida. Es una aprendizaje importante y como todos los aprendizajes debes de sacar lo positivo y continuar hacia adelante, ¡Siempre hacia a adelante!

Ahora bien, vamos aterrizando las cosas. Ya pusimos la "realidad" en escena, así que como paso siguiente, lo que te voy a pedir es que en el siguiente espacio escribas todos los sueños que tienes en tu mente.

> **Advertencia 1:** Por favor sólo escribe tus sueños, los que son realmente tuyos y que sí te emocionan.
>
> **Advertencia 2:** Si hoy no identificas tus sueños no te preocupes, ocúpate en identificarlos y ponerlos en papel.

*Mis Sueños...*

Ser grande en esta vida, tener exito y lograr ayudar a otras muchas personas.

Ahora debo presentarte a Cree*r»*:

«Hola, soy **Creer** y como mi nombre lo dice debes de creer en ti y en tus sueños, en tu potencial y en todo lo que eres y en lo que serás capaz de hacer en un futuro.

Como Soñar comentó, es necesario plasmar en papel tus sueños, sin embargo, esto no basta, se requiere de creer y para que comiences a creer que tus sueños pueden hacerse realidad te voy a explicar paso a paso cómo sucede el proceso de creer.

El cerebro es uno de los órganos más completo, maravilloso y perfecto que tienes y gracias a todos los estudios que se han hecho, hoy se sabe que el cerebro procesa y asocia la información en imágenes, ¡Sí, en imágenes!, y para iniciar el proceso de creer debes de tener imágenes en tu mente. Sí, imágenes a todo color; por algo dicen que siempre una imagen habla más que mil palabras.

Lo que te sugiero es recopilar la mayor cantidad de imágenes que representen claramente cada uno de tus sueños y los coloques en el lugar más visible de tu casa. Con esto empieza el proceso de Creer y tener claro hacia dónde vas. Sin embargo, la "realidad" no se ha retirado de escena y debo decirte que aún no bastará con creértela y para lo siguiente, debo presentarte y dejarte en compañía de Atreverse y Actuar»:

«Hola, soy Atreverse y junto con Actuar, hemos sido también aliados claves de los grandes líderes y personajes de la Historia.

En nuestra experiencia lo que hemos aprendido de estos líderes es que tomaron la decisión de atreverse, a desafiarse a ellos mismos y muchos a desafiar a la época en que vivían y gracias a esto y a que actuaron, hicieron realidad sus sueños, metas y objetivos. Y es por esto queremos compartirte lo que hemos aprendido de estos líderes y de personas comunes que han logrado sus sueños, ya que estarás de acuerdo que somos dos aliados claves para asegurar que las cosas sucedan, pues si no hacemos esto, ya sabes la respuesta: *No sucede nada.*

Los personajes que hoy están en la Historia o que has tenido la oportunidad de conocer en tu vida, y que indudablemente se atrevieron a desafiar paradigmas y a pensar de manera diferente, sin importarles si su sueño era difícil o fácil, se atrevieron y fueron persistentes en seguir atreviéndose.

Un buen amigo comentaba que: "En el mundo existen dos tipos de personas: las personas 'sensatas' que son aquéllas que se limitan a seguir las reglas del mundo, de la sociedad. Son personas que simplemente viven y se alinean a lo que otros piensan, a lo que les dicen o simplemente no cuestionan por qué. Y existen otras, que son llamadas 'insensatas' y son personas que desafían, retan las reglas, los sistemas, se arriesgan, se atreven para conseguir lo que tienen en mente. Gracias a que existen personas llamadas 'insensatas' tenemos hoy diferentes tecnologías que facilitan nuestra vida; gracias a personas que se atrevieron, desafiaron esquemas tradicionales y actuaron, tenemos un avance importante en la salud; gracias a personas que no se conforman y deciden atreverse, podemos disfrutar de una vida más simple y relajada".

Sé que lo anterior lo podrás encontrar muy fuerte, sin embargo, a lo largo de la Historia consistentemente los datos muestran la verdad de lo que te estoy diciendo y para esto te comparto el siguiente ejemplo:

Alguna vez Henry Ford dijo: «Si me hubiera limitado a preguntarle a la gente qué era lo que necesitaban para transportarse mejor, me hubieran contestado: "Necesitamos un caballo más rápido"».

Y ahora, yo te pregunto: ¿En qué grupo de personas quieres estar? Pues si tienes claro qué quieres lograr y cuál es el sueño que te entusiasma, seguro que uno de los pasos que tienes que dar es comenzar a atreverte y continuar atreviéndote hasta que consigas tu objetivo.

Siguiendo con el enfoque de "realidad," debo comentarte que muchas veces para continuar atreviéndote debes de decir: ¡Alto! a los comentarios o pensamientos de otros que te dicen: "Eso no es posible", "Mejor enfócate a lo que ya has hecho antes", "¡Aguas!, la crisis esta muy grave y tú inventando", y como sé que identificas muchos pensamientos e ideas de este tipo, y —como no interesa ponerlos en este momento en tuo mente—, lo único que te pediría es que dejes de escuchar este tipo de ideas y te retes a encontrar personas que te motiven y por supuesto, te darán también mucha confianza para que continúes atreviéndote.

"Atreviéndote" es mi palabra final, ahora te dejaré con Actuar»:

«Mi nombre es **Actuar**, y el mensaje que tengo para ti es que: "Para poder actuar de una manera enfocada y aprovechando tus recursos materiales, económicos, físicos, personales y cualquier otro recurso que necesites para llevar a la acción tus sueños, es necesario poner en papel el plan, es decir, todas las acciones de una manera priorizada y clara que permitan darte tranquilidad y una línea a seguir para hacer realidad tus sueños".

A continuación te muestro una manera de poner en papel y en orden de una manera organizada y priorizada todas las acciones que deberás realizar. Te sugiero hacer un formato como éste de cada uno de tus sueños.

# Mis sueños en acción...

| Sueño | Fecha inicio |
|---|---|
| | |
| | |
| | |
| | |
| | |
| | |
| | |
| | |
| | |

*Acciones para lograrlo*          *Fecha término*

| | |
|---|---|
| | |
| | |
| | |
| | |
| | |
| | |
| | |

Algunas de las ventajas de hacerlo así, es que siempre tendrás en papel y de forma muy clara todo lo que debes de hacer. Ahora me tengo que retirar pues es necesario ir a maquillaje y vestuario.

Te deseo mucho éxito en la realización de tus sueños y antes de retirarme te comparto un "secreto" para asegurar que Atreverse y Actuar formen parte de tu vida requieres de: Autodisciplina. La 'autodisciplina' es hacer lo que tengas que hacer cuando lo tengas que hacer, no importando si tienes o no ganas de hacerlo, es decir, no hay opción, ¡Lo tienes que hacer!».

Sin duda, todos estos elementos y consejos que nos acaban de compartir estos aliados, son súper importantes en la realización de los sueños. En mi experiencia personal, agregaría que será fundamental en tu andar por la vida y en la aventura de tus sueños, que te reúnas con personas positivas, proactivas, con sueños, entusiastas, etc., y juntos formen una red de apoyo, una sinergia[19] que les permita aprender de todos para lograr desarrollarse, crecer y motivarse a cumplir sus sueños.

Es una realidad que para ser exitosas requerimos apoyar y recibir apoyo de otras personas, fortalecer nuestras redes sociales de contacto y trabajo, con el objetivo de tener opciones y a través de ellas apoyarte para cumplir tus sueños. Está demostrado que las personas que logran cumplir sus sueños no lo hicieron solas, requirieron también de otras personas.

---

[19] Sinergia: Unión de varias fuerzas, causas, etc., para lograr una mayor efectividad.

Recuerda que para *"Soñar, Creértela, Atreverse y Actuar"*, necesitas comenzar y poner en marcha los elementos compartidos que con toda seguridad, si los utilizas, te motivarán y apoyarán a iniciar el camino para realizar tus sueños.

*"Dicen que soñar no cuesta nada, es cierto, pero lo que sí cuesta y mucho es no darte la oportunidad de intentarlo y ver que suceda"*.

*Con todo mi cariño.*

Ana María Godínez.

# Capítulo III

## Inspiración

Los grandes artistas, escultores y pintores, innegablemente se han inspirado en algo para lograr plasmar grandes obras de arte. En el capítulo anterior, Soñar nos compartió ampliamente uno de los motores que motiva y enciende a todo ser humano, nos habló de los sueños y plenamente comparto que los sueños son un elemento vital en toda persona.

Ahora, para ir entendiendo poco a poco esta gran obra de teatro que está a punto de comenzar debo presentarte a Inspiración[20]:

«Hola, como dijo Ana, mi nombre es **Inspiración**, y como aliado no quiero parecer presumido, sin embargo, para ser honesto, me encanta mi nombre, no sólo por como se oye, sino por el gran significado y poder que le da a cada ser humano.

¡Sí!, la Inspiración es para los sueños tan esencial y vital, como el agua para el ser humano. Para creértela y saber que puedes lograr tus sueños, requerirás de conocer y estudiar la vida de los grandes personajes de la Historia o

---

[20]INSPIRACIÓN: Estímulo o lucidez repentina que siente una persona. Favorece la creatividad y brinda opciones para lo que se tiene en mente.

acercarte a personas que te inspiren y te des la oportunidad de aprender de ellas.

En nuestro día a día, es un hecho que hay ocasiones que las cosas avanzan súper bien y sin contratiempos, sin embargo, existen también otros momentos donde las cosas se atoran y no ves opciones y te sientes que no sabes por dónde es la salida.

Para contrarrestar estos efectos, sin duda la mejor medicina es la Inspiración, y para esto requieres de entender que otras personas como tú, en el pasado o en el presente, han experimentado situaciones en las que todo marcha al 100% y otras donde las cosas se detienen y es de estas personas que debes de aprender e inspirarte.

Muy probablemente en este momento me dirás:

—¿Inspiración?, ¿Cómo puedo yo buscar inspiración en otros?

Bueno, muy sencillo. Te sugiero comenzar a leer, ver películas de personajes que han hecho Historia y entender y profundizar en cómo estas personas lograron resolver la problemática y cumplir sus sueños.

Mira, lee lo siguiente:

Esta es una historia real de un hombre que fracasó en los negocios a los 31 años y después:

- Fue derrotado a los 32 años como candidato para unas elecciones legislativas.
- Volvió a fracasar en los negocios a los 34 años.

- Sobrellevó la muerte de su amada esposa a los 35 años.
- Sufrió un colapso nervioso a los 36 años.
- Perdió en unas elecciones a los 38 años.
- No consiguió ser elegido congresista a los 43 años.
- No consiguió ser elegido congresista a los 46 años.
- No consiguió ser elegido congresista a los 48 años.
- No consiguió ser elegido senador a los 55 años.
- A los 56 años fracasó en el intento de ser vicepresidente.
- De nuevo fue derrotado y no salió senador, sino hasta los 58 años.
- Fue elegido presidente de los Estados Unidos a los 60 años.

.......Ese hombre fue Abraham Lincoln.

¿Qué tal?, ¿Te pareció asombroso, interesante, motivador e inspirador el fragmento de vida de Lincoln? Bueno, esto sólo fue una probadita y seguramente es lo que sentirás cada día conforme vayas avanzando en el conocimiento de personajes que te motiven y aporten algún aprendizaje y algo positivo en lo que estás haciendo en tu vida.

Si recuerdas, hace unos minutos también te sugerí explorar en tu presente, personas que conozcas o quizás no conozcas aún y que en verdad te llaman la atención por lo que han logrado. Si ya identificaste algunas, te sugiero acercarte a ellas y preguntarles su experiencia, cómo le hicieron o le están haciendo y por favor, aprende de ellas.

Y como sé que ya en tu mente estás pensando en estos personajes o personas que tú conoces, te invito a que en el siguiente espacio escribas sus nombres.

¡Listo!, ¿Ya quedó verdad? Bueno, ahora lo que resta es comenzar a leer, a ver las películas, a reunirte con estas personas y empezar a inspirarte.

Gracias por tu atención. Soy Inspiración, y recuerda que la inspiración es la llave para lograr tus sueños».

Definitivamente todo lo que comentó Inspiración es primordial y realmente te invita a utilizar la Historia y lograr aprender de las experiencias de otros y concretar tus sueños.

En mi experiencia personal, lo que yo he hecho para comprender mejor la Inspiración, es utilizar y poner en acción un concepto muy poderoso llamado 'emulación[21]' y que sin duda es todo un proceso que le dará a tu vida grandes beneficios.

La 'emulación' consiste en estudiar a profundidad y con mucho interés personajes históricos que hayan logrado sus sueños y que marcaron e hicieron Historia. Lo que tienes que hacer es todo lo que te dijo Inspiración y poner en papel algunas de las cualidades más sobresalientes que deseas de quienes tú admiras y que en realidad te inspiran.

A continuación, te comparto algunos de los personajes que he estudiado y cómo he redactado lo que deseo aprender de ellos:

---

[21]Emulación: Imitar las acciones o cualidades de otro, procurando igualarlas o incluso excederlas.

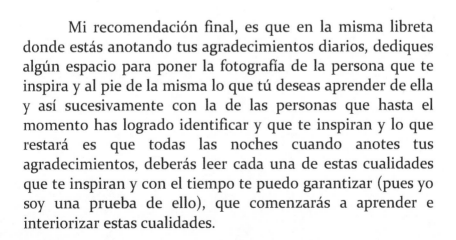

**Lincoln:** *Deseo tener tu capacidad de lograr todo lo que me proponga en la vida y a pesar de las adversidades, deseo tener tu espíritu de lucha para conseguir mis objetivos y lo que quiero en mi vida.*

**Napoleón Hill:** *Deseo tener tu inteligencia, poder y perseverancia para lograr transmitir a cada persona con la que tengo contacto tu filosofía de éxito.*

**Edison:** *Deseo tener tu capacidad de aprender e intentar una y otra vez hasta conseguir mis sueños.*

Mi recomendación final, es que en la misma libreta donde estás anotando tus agradecimientos diarios, dediques algún espacio para poner la fotografía de la persona que te inspira y al pie de la misma lo que tú deseas aprender de ella y así sucesivamente con la de las personas que hasta el momento has logrado identificar y que te inspiran y lo que restará es que todas las noches cuando anotes tus agradecimientos, deberás leer cada una de estas cualidades que te inspiran y con el tiempo te puedo garantizar (pues yo soy una prueba de ello), que comenzarás a aprender e interiorizar estas cualidades.

Para crecer, desarrollarnos y cumplir nuestros sueños debemos de aprender y buscar inspiración en otras personas.

En mi puesta en marcha de todas estas ideas que estoy compartiendo, he aprendido que la Inspiración es la clave para avanzar y sentir que estás acompañado y que hay otros y de hecho, muchas personas que han logrado alcanzar sus sueños y siempre serán tus mejores aliados, créemelo, no estamos solos.

# Capítulo IV

## Pasión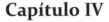

Pasión[22] es una de las características más importantes de los grandes artistas, genios y científicos; ya que este aliado les permite disfrutar y amar lo que hacen en el día a día.

Este aliado que conocerás en un momento más, me ha permitido identificar cuáles son las actividades, los trabajos y las cosas que realmente amo y disfruto hacer. El sentir pasión por lo que hago en mi vida es clave para empezar cada nuevo día y sentir en mi interior esa fuerza que me impulsa a disfrutar lo que hago y a sentir que vale la pena el esfuerzo y la dedicación que le ponga.

La pasión para mí es como un aditivo que corre por la sangre de toda persona exitosa. Una persona que tiene pasión disfruta y da siempre su máximo esfuerzo, su mejor esfuerzo, pues la pasión late en lo más profundo de nuestro Ser.

Alfredo, un amigo que estimo mucho, hace algún tiempo me comentó que cuando sentimos pasión, las personas vamos a la cama esperando que amanezca para continuar con esa actividad que nos apasiona.

---

[22] Pasión: Deseo intenso de realizar algo.

En efecto, lo he comprobado. Esa es la mejor definición de pasión; cuando hay pasión en lo que hacemos las horas pasan y pasan,...y pasan y el tiempo es corto. Muchas veces ni sientes el cansancio o el hambre y esto no es porque seas alguien de otro planeta, es porque estás haciendo algo que realmente amas y te apasiona.

Sin pasión, el trabajo, tu vida, tus actividades son una carga muy pesada, que no disfrutas, que te agobia y por supuesto te enferma física y mentalmente.

En este momento te haré una pregunta intensa: ¿Realmente te apasiona lo que estás haciendo hoy en día? No me respondas en voz alta, solamente piénsalo por unos instantes, sé honesta y por favor no te engañes. Si tu respuesta fue negativa, en un momento más Pasión te dará algunas sugerencias, si tu respuesta fue afirmativa ¡Te felicito!, sigue apasionándote cada día más y ¡Te deseo lo mejor!

Creo que ahora sí estamos en el momento justo de que Pasión nos haga su valiosa aportación en un tema que si te hace sentido y lo haces tu mejor aliado puede darle un nuevo y mayor movimiento a tu vida.

«Hola, como mi nombre lo dice: Soy **Pasión**. Soy un aliado altamente sensible, emocional, apasionado por mi trabajo y por la vida misma, soy alguien que disfruta y ama al 1000% estar en esta obra de teatro que está por comenzar.

Percibo que una pregunta que tienes en tu mente es: "¿Y qué hago si hoy en lo que estoy haciendo no siento pasión?", o "¿Cómo le hago para desarrollar la pasión?". Bueno, te diré que cualquiera que sea tu pregunta, la iré respondiendo por partes.

En primer lugar, voy a introducir un concepto 'FSI', que significa "Fuente Psíquica de Ingreso" y casi como si te estuviera viendo percibo tu cara de: ¿What?, ¿Qué?, ¿Qué es eso? Bueno, en palabras más sencillas y para que nunca lo olvides significa: ¡**Que amas tu hacer**!, y el reto es identificar y convertir esto que amas en tu fuente de ingreso económico. Sí, así de sencillo y poderoso es esto. Pregúntate qué es lo que amas hacer y te darás cuenta que al responder la pregunta, si hoy no sientes Pasión, sin duda la comenzarás a experimentar. Pues creo que con esto es momento que tomes tu pluma y respondas:

**Por favor, no sueltes la pluma hasta agotar todas las opciones de actividades que te apasionan.**

¿Qué amas hacer?

¡Sí!, así de sencillo es esto, sin embargo, ahora viene la pregunta: "¿Y si no estoy haciendo lo que me apasiona, qué es lo que debo hacer?". Existen muchas opciones y respuestas a esta pregunta, así que si te parece bien, te dejo con la Psicóloga para que ella te dé su punto de vista»:

—Gracias Pasión, —comenta Ana.

«Es cierto, probablemente hemos llegado al punto donde has reconocido que hoy lo que estás haciendo no te apasiona y si me permites, te daré mi punto de vista:

1. No te culpes, ni te sientas mal y mucho menos tomes una acción precipitada.
2. En lo que estás haciendo actualmente reflexiona qué de lo que te apasiona puedes incluir para sentirte emocionada y diferente.
3. Aprende de la Pasión de otros. Observa diferentes personas y sus ocupaciones o profesiones e identifica la Pasión en las personas en las que notes que realmente aman lo que hacen. Otra opción es ver películas de diferentes países donde puedas ver cómo los actores se apasionan y las diferentes maneras de expresarlo y por último, asiste a expos y observa a vendedores que se apasionen por su producto y profesión.
4. Poco a poco, comienza a interactuar más con lo que "amas hacer", lo cierto es que, si preparas el camino para llegar a hacer lo que amas, sin duda te irá de maravilla.
5. De la lista de sueños, identifica cuál de ellos está directamente relacionado con lo que "amas hacer" y empieza por ése, la realidad es que estará conectado de una manera lógica con tu Pasión y

por supuesto que las probabilidades de lograrlo aumentan exponencialmente[23].

6. De verdad la Pasión es como un corazón latiendo, no la dejes morir, déjala latir dentro de ti para que te oriente y te guíe en tu camino hacia el éxito.

Para concluir, el encontrar la Pasión en lo que haces es tu desafío y mi mayor recomendación; ya que cuando sientes la pasión dentro de ti por lo que estas haciendo en tu vida, comienzas a experimentar emociones positivas, sientes alegría, amor por lo que haces y sin duda, comienzas a vivir más plenamente.

Te invito a que incluyas a la Pasión en tu vida y comiences a hacer aquellas cosas que en lo más profundo de tu Ser sabes que amas hacer».

---

[23]Exponencial: (Crecimiento). Que tiene un ritmo que aumenta cada vez más rápidamente.

# Segunda llamada

## ¡Prepárate!

# Capítulo V

## Personalidad Agradable

Segunda llamada, segunda llamada...

Queda poco tiempo para comenzar la función, sin embargo, no quiero dejar de pasar la oportunidad y presentarte a otro de los aliados: La **Personalidad Agradable**. Su nombre es Nice y es una experta en vestuario y maquillaje. Ella es muy hábil en diseñar imagen y lograr personajes auténticos y con una personalidad[24] realmente agradable y cautivadora para todas las audiencias.

Como Nice es una persona algo tímida y pocas veces habla con tanta gente, mi labor será hacerle preguntas para poder aprovechar al máximo su experiencia y conocimiento.

—Hola Nice, quisiera preguntarte en primer lugar: ¿Qué es lo que más disfrutas de tu trabajo?

—Bueno, tengo la bendición de tener un trabajo que me fascina, que me encanta, que me apasiona y claro que lo que más disfruto, es diseñar una imagen auténtica y congruente a cada uno de los personajes del elenco.

—¡Excelente!, y ¿por qué te llamo la atención este trabajo de diseñado de imagen?

---

[24]Personalidad: Conjunto de características o cualidades originales que destacan en la persona.

✾

—Porque me permite proyectar hacia el exterior una imagen agradable, cautivadora, que logre quedarse en la mente de todos los espectadores.

—Oye, y hablando ya en la vida real, ¿la imagen es importante?

—¡Seguro!, la imagen es lo que todos los demás a primera vista notan de Ti y además la imagen es evaluada.

—¿Evaluada?, —la interrumpí sorprendida—

—Sí, te sorprenderías de conocer las estadísticas y el poco tiempo en que las personas evaluamos a otra.

—¿Nos puedes compartir estos datos?

—Claro, mira 37 seg, es el tiempo suficiente que una persona tiene para decidir si su personalidad le es agradable a otra y 37 seg, es el tiempo en que esta otra persona evalúa tu credibilidad a través de tu vestir, caminar, hablar, olor, etc.

—Woww, es nada de tiempo.

—Exacto, y aún no acabo, un hombre evalúa a otro en tan sólo 35 seg ,y una mujer a otra en 17 seg.

—Woww, y requete Woww.

—Es por esto que la personalidad en todo momento debe ser agradable, y es lo que me encanta mi trabajo: lograr una imagen honesta y congruente de cada uno de los personajes.

—Bueno Nice, pues te agradezco tu tiempo, sé que ya falta poco para iniciar, y ¡Te deseo todo el éxito!

¿Lo ves?, una imagen honesta, congruente y agradable tiene sus beneficios y más hablando de tu vida. ¡Sí!, tu vida, debemos de cuidar nuestra imagen y personalidad para sentirnos cómodas y a gusto con nosotras mismas.

Probablemente te estarás preguntando: "¿Y qué tiene que ver esto con los sueños y todo lo que he estado leyendo?".

Bueno, pues debo decirte que tiene que ver todo. Una personalidad agradable ciertamente es como un imán. Las personas queremos convivir, compartir, conversar y aprender con personas que nos son agradables y (como ya te comentaba al inicio), que el éxito no lo obtenemos solas y alejadas de la civilización, el éxito lo obtenemos gracias a la relación e interacción con más personas.

En base a mi experiencia personal, lo que te puedo recomendar es lo siguiente:

1. Profesionaliza tu imagen de acuerdo a tu profesión o a lo que te dediques en este momento.
2. Tu imagen debe ser auténtica y congruente con tus valores. Por favor, no trates de aparentar alguien que no eres, de verdad que en el mundo ya muchas personas siguen aparentando algo que no son.
3. Si requieres ayuda de un profesional que te oriente, no dudes en acudir a él.

4. Sé congruente y consistente con tu imagen, por favor, que no sea llamarada de petate.
5. Disfruta, cautiva y siéntete cómoda con tu imagen.
6. Aprende de otros. Identifica personas que te atraigan e inspiren por su personalidad agradable, observa cómo se desenvuelven y has tus propios ajustes.

Me parece que para empezar, éstas son las principales recomendaciones, y que en este momento tú ya tienes ciertas ideas y acciones a implementar, así es de que por favor, ¡Disfruta de tu persona y de la vida!

# Capítulo VI

## Pensamiento Positivo

Para lograr ser exitosa el mejor aliado es el **Pensamiento Positivo**. Ya que se ha comentado por diferentes autores, que la actitud de nuestra mente depende necesariamente de lo que pensamos, y por lo tanto, el secreto de todo éxito, de toda proeza y de toda posesión depende de nuestra manera de pensar.

Napoleón Hill decía que: «*El éxito está en el interior de tu propia mente*»; y yo pienso que no hay mayor verdad. Lo que está en el interior de nuestra mente —estarás de acuerdo conmigo— de que son pensamientos. Los pensamientos crean realidades, nuestra realidad ciertamente está influenciada por los pensamientos que tenemos, así que, si tienes pensamientos positivos tus resultados serán positivos y asimismo, si tus pensamientos son negativos, tus resultados serán negativos. También los pensamientos siguen la Ley Universal de Causa y Efecto.

Un gran maestro e inspirador para mí, es Brain Tracy. Experto entrenador en el área de ventas y estrategia, y de él he aprendido a entender más claramente esta Ley. A continuación te comparto parte de su explicación:

«La Ley de Causa y Efecto puede enunciarse afirmando que en la vida todo efecto tiene una causa específica. Es tan importante que ha sido bautizada con el nombre de: "La Ley de Hierro del universo". Y explica que todo sucede por alguna razón, se conozca ésta o no.

No existen hechos accidentales. Vivimos en un universo ordenado, regido estrictamente por leyes. La Ley de Causa y Efecto dice que hay determinadas causas del éxito y determinadas causas del fracaso; que hay causas específicas para la salud y para la enfermedad y que también las hay para la felicidad y la infelicidad.

Esta Ley es tan simple que deja perpleja a la mayoría de la gente. Las personas, por sistema, hacen o repiten una y otra vez aquellas cosas o situaciones que les producen infelicidad y frustración, culpando a los demás y/o a la sociedad de sus problemas.

Por lo tanto, todo pensamiento es una causa, y cada estado un efecto, razón por la cual es absolutamente esencial el que domines tus pensamientos con el objetivo de desarrollar únicamente situaciones agradables.

Se dice que no deja de ser una forma de demencia "hacer las mismas cosas del mismo modo con la esperanza de obtener resultados diferentes". En cierta manera todos hemos caído en esto en más de una ocasión. Lo que tenemos que hacer es enfrentarnos abiertamente a esta tendencia y tratar de corregirla.

Tus pensamientos son las causas primarias de las condiciones de tu vida. Todo lo que forma parte de tu experiencia, ha comenzado con alguna forma de pensamiento, ya sea tuyo o de alguien más.

Todo lo que eres o llegues a ser, será el resultado de tu modo de pensar. Si cambias la calidad de tu pensamiento, cambiarás la calidad de tu vida. El cambio de tu experiencia exterior traerá consigo el cambio de tu experiencia interior, recogerás lo que has sembrado. Ahora mismo lo estás haciendo.

Lo hermoso de esta Ley inmutable es que incorporándola a tus esquemas mentales, podrás tener un control completo de tu pensamiento, de tus sentimientos y de tus resultados.

Mediante la aplicación de la Ley de Causa y Efecto te pondrás tú misma en armonía con la ley de control. Inmediatamente te sentirás mejor y más satisfecho contigo mismo.

Cualquier aspecto relativo al éxito o fracaso en tu vida puede ser interpretado con arreglo a esta Ley básica. Si siembras las causas adecuadas, cosecharás los efectos deseados».

Entonces, como pudiste leer hace un momento, todo en la vida es "causa—efecto".

Y al respecto, Henry Ford (a quien también admiro como mi gran maestro y por lo tanto, me inspira), en una de sus frases nos dice: «*Si crees que puedes estás en lo cierto, si crees que no puedes también lo estás*». ¿Qué tal?, son pocas palabras con una gran profundidad. En mi experiencia como consultora he podido ser testigo de esta frase una y otra vez. Existen personas que desde el inicio han dicho: "No puedo", "nunca se ha podido", y créemelo que no pueden y por lo tanto no sucede nada. Sin embargo, la buena noticia es que cada día me encuentro ya con más y más personas que en su mente tienen un Pensamiento Positivo que les ayuda a creer que ¡Sí pueden! y puedo asegurarte que lo han logrado.

Una frase que tengo tatuada metafóricamente en mi mente y he compartido con miles de personas es: "**¡Sé que puedo y lo haré!**". Esta afirmación contiene el Pensamiento Positivo al más alto nivel, es un motor y una batería que si la tienes presente, siempre te impulsará y permitirá lograr tus sueños, metas o proyectos. Te permitirá lograr tu éxito porque yo sé que Tú tienes la capacidad de alcanzar el objetivo definido de tu vida y para lograrlo debes de empezar a creer Tú también en esta capacidad que tienes y cuando menos lo esperes, seguro que esta poderosa frase comienza a controlar tus pensamientos y sacar de tu mente todo pensamiento negativo.

El Pensamiento Positivo es otro de tus mejores aliados para conseguir tu éxito, es por esto que ahora te dejo con Positive.

«Hola, mi nombre es **Positive**, y como mi nombre lo indica gracias a Dios no tengo opción y siempre soy "positivo". Mi rol y responsabilidad dentro de esta obra que en un momento iniciará, es mantener el Pensamiento Positivo de todos los involucrados, tanto del elenco, como del público.

Así que, si te parece bien, tengo un ejercicio para ti»:

Por favor escribe todos los pensamientos positivos que se te vengan a tu mente en relación a tu persona.

¡Listo!, ¿Cómo te sientes en este momento?

Lo sé, realmente lo "positivo" cambió tu actitud. Lo que te puedo garantizar es que si tú escribes en este libro y en cualquier otra hoja cada uno de estos pensamientos y los colocas en los diferentes lugares donde pasas tu día, seguro incrementarás más las probabilidades de hacer tuyo de manera consciente y física el Pensamiento Positivo.

Por ejemplo, en nuestras oficinas acabo de implementar el siguiente aviso que se encuentra en un bello cuadro enmarcado y que dice: "Aquí sólo hablamos y pensamos en la abundancia. Si tú tienes una historia de infortunio, por favor, guárdatela; no la queremos. Ignius Innovation".

Recuerda que con un Pensamiento Positivo logras más en menos tiempo y contagias a cada persona que tenga contacto contigo.

> *"El antepasado de todo acto es un pensamiento".*
>
> Ralph Waldo Emerson

# Tercera llamada

# ¡Comenzamos!

# Capítulo VII

## Tú

Tercera llamada, tercera llamada, comenzamos...

El día de hoy nos da mucho gusto recibirte en esta obra espectacular, en la cual descubrirás grandes cosas de ti misma y esperamos sea una experiencia memorable y motivadora para ti.

¡Sí, te encuentras ahora en tu propio escenario!, ¡Sí, el escenario de tu vida!, donde tú eres la estrella, el personaje estelar que día a día está haciendo tu propia historia.

Sí, en todos y cada uno de los capítulos anteriores, estuve recordándote y presentando a otros excelentes aliados que si tú lo decides estarán dispuestos a actuar junto a ti en esta obra espectacular titulada: "La Historia de tu vida".

Sé que es una sorpresa agradable y sin duda lo es, así que para seguir con esta función espectacular, te voy a pedir que en esta cartelera coloques lo que tú ya sabes que va ahí: "La evidencia del personaje estelar".

*Presentación Estelar*

"                                          "

Tu Foto

**Advertencia 1:** Si has leído deteni-
damente *"Despertar"*, en este momento
claramente sabes qué es lo que va en esta
cartelera.

**Advertencia 2:** Como este libro tiene la
clara intención de llegar a miles de
personas en todo el planeta, de la manera
más atenta y desde el fondo de mi corazón,
te pido que si el libro te gusta, lo
recomiendes, y esta experiencia que acabas
de vivir la mantengas en secreto, para que
muchas personas puedan vivir lo que tú
acabas de vivir.

¡Sí!, ya es tiempo de que trabajes para alcanzar tu
éxito y tomes el papel estelar de tu vida, y lo menciono de
esta manera porque muchas veces por situaciones o
circunstancias que cada persona hemos permitido, llega un
momento en el que ya no eres el personaje estelar, sino un
personaje secundario, un extra, algo de utilería o de
vestuario, y lo más grave, que es en tu propia obra,... en tu
propia vida.

Por favor, recuerda siempre este cartel, ¡Tú eres el
personaje estelar en tu VIDA!, y tú decides el rumbo de la
historia.

Y Colorín colorado, esto apenas ha empezado.

# Capítulo VIII

## Concentración

A este momento hemos avanzando como no tienes idea y de aquí en adelante avanzaremos mucho más, es por esto que me quiero asegurar que estamos en el mismo libro.

De este capítulo en adelante, seguiremos con "La Historia espectacular de tu vida" y es por esto que seguiré compartiendo contigo mi experiencia y algunos aliados más que nos permitirán cerrar con broche de oro esta aventura que inició y sí tú así lo decides, continuará por el resto de tu vida.

**Concentración**[25], significa "enfoque", un enfoque claro y definido en tu sueño, en tus metas u objetivos. Muchas personas en la Historia se han concentrado y han conseguido de manera admirable hacer realidad y concretar cada uno de sus sueños.

El usar la Concentración como aliado en conseguir cada uno de sus sueños, ha traído grandes beneficios a diferentes personas en la Historia, y para que me comprendas de lo que estoy hablando, te invito a leer con atención lo siguiente:

---

[25]CONCENTRACIÓN: Estado mental que permite reflexionar sobre una sola cosa y mantener la atención en ella.

• Henry Ford se concentró en desarrollar y ofrecer un auto a cada persona de la época y después de trabajar y concentrarse con un equipo de personas, logra ofrecer este auto, con lo se que eliminó el carruaje y los autos hechos a mano que eran los únicos que habían.

• W. Gillette se concentró en ofrecer la mejor afeitada para el mundo. Imagínate a finales del año 1800 ir al barbero con aquella navaja tan filosa e impactante y que pasara por la piel tan frecuentemente. Bueno, Guillet cambió la Historia y hoy en nuestros días gracias a su concentración, siguen proporcionando la mejor afeitada para el mundo.

• El Sr. Kiichiro Toyoda, es otra muestra de concentración en la Historia. A inicios del año 1900, él tuvo la visión de que quería ser el líder automotriz. Sí, leíste bien, el número Uno, sin embargo, si hubiéramos vivido en esa época y escucháramos que su sueño era ser el líder automotriz, probablemente nos hubiera dado un ataque de risa, pues él en esa época fabricaba máquinas de cocer... Lo sé, es sorprendente y es otro ejemplo clarísimo de concentración.

• La Señora Mary Key, otra personalidad asombrosa y emprendedora y que también se concentró en su objetivo. En los años 30's ella era una vendedora de libros casa por casa, y como era una persona muy observadora, se percató de que cada que tocaba una puerta, quien abría era una ama de casa desarreglada, triste, cansada y agobiada por el día a día y muchas veces también con dificultades económicas. Sin embargo, gracias a la determinación y concentración de Mary, la Historia cambió y Mary se concentró en generar un negocio para que las mujeres se arreglaran, se vieran mejor, y se sintieran mejor al desarrollarse como pequeñas empresarias.

• La madre Teresa de Calcuta, se concentró en servir y ayudar a los más necesitados usando su pequeña estatura y gran carisma para viajar por todo el mundo y conseguir recursos que cambiaran la historia de personas no tan afortunadas.

Para mí, la madre Teresa de Calcuta, fue y es mi inspiración como una de las más grandes vendedoras de la Historia al vender un sueño al mundo de que debíamos hacer algo por los más necesitados.

• Edison se concentró y trabajó realmente duro en generar uno de los mayores inventos para la humanidad. Sí, estás en lo cierto,—el foco—, y sabes que lo más inspirador de su historia fue que no lo consiguió fácilmente, sino hasta después de 10,000 intentos, ¡Sí!, 10,000 intentos y aprendizajes hasta conseguirlo.

Este es otro claro ejemplo de Concentración, requieres luchar y trabajar duro y no soltar tu sueño hasta que se haga realidad.

Bueno, estos son algunos de los grandes personajes que yo he invitado a actuar en la historia de mi vida. Ahora tengo una pregunta para ti:

*Y tú: ¿En qué estás concentrada?*

Si hoy no tienes claro qué está pasando con tu Concentración recuerda no preocuparte, sino ocuparte en volver a tus sueños y analizar en qué debes de concentrarte y la concentración desde mi punto de vista también tiene su base en una ley natural: *"Donde la atención está puesta la energía fluye, donde la energía está puesta la vida crece".*

De verdad requieres "enfocarte" para lograr tus sueños, no basta con poner en tu obra todos los aliados o personajes anteriores, ya que si los invitas a participar en tu vida, ya ganaste mucho, pero si no te concentras bien, probablemente tus resultados cambiarán, ya que algo faltará y te puedes perder la oportunidad de cumplir tus sueños por no utilizar la Concentración como el personaje co—estelar en "La Historia de tu vida".

La Concentración implicará también tu acción, determinación, disciplina, esfuerzo, dedicación, pensamiento positivo, pasión y sin duda cualquier verbo, palabra o característica que implique y te asegure que estás haciendo algo enfocada para conseguir tus sueños.

Para apoyarte a que tengas una mayor claridad con este aliado, te sugiero que vayas paso a paso y pienses en qué necesitas hacer para empezar a concentrarte.

A continuación, escribe en una hoja aparte todas las opciones de concentración que tengas en tu mente y una vez que termines vuelve a leer la lista de opciones e identifica: ¿Cuál será tu mejor concentración para lograr tus sueños? Aquí no hablamos del plan, sino de que en un párrafo breve describas y le indiques a los demás en qué estás concentrada Tú.

Así que por favor escribe:

## Mi concentración es...

¡Te felicito! Ya que lo hiciste, ahora lo que sigue es guardarlo en tu mente y tenerlo presente siempre, es decir, que tu Concentración esté en el tope de tu mente, y recuerda que: *"Donde la atención está puesta, la energía fluye y tus sueños comienzan a hacerse realidad".*

Concentración, Concentración, Concentración, deberá de ser una de tus palabras favoritas por los grandes resultados que da. Ten por seguro que si la invitas a participar en tu vida, estos resultados comenzarán a sorprenderte en un corto plazo, te lo garantizo, y para saber que funciona debes de empezar ya a concentrarte.

# Capítulo IX

## Seguridad en ti misma

Para desarrollar la **Seguridad**[26] en ti misma, debes empezar a confiar en ti. ¡Sí!, leíste bien, "a confiar en ti misma". Sin confianza[27] en nosotras mismas realmente estamos en problemas; de hecho considero que el desarrollar esta seguridad es una de las cosas esenciales en la vida y que debiera ser como un deporte o materia que día a día deberíamos de estar practicando, pues hábitos como éste harán que estés en mejor condición emocional para enfrentar tu vida, tus sueños y lograr lo que quieres en tu vida.

La Seguridad en ti misma, es otro de los aliados que debes invitar a tu vida. Esta Seguridad es una fuerza interna que te permite sentirte confiada, plena, segura de que realmente puedes atreverte y lograr lo que tienes en mente.

Un gran líder como Martin Luther King, puede ser también un gran maestro para toda persona que quiera aprender, ser mejor e incrementar su Seguridad.

Luther King, fue una persona que desafió y retó a un sistema tradicional que por años había limitado a la raza de color. Fue un gran soñador en potencia que logró que su

---

[26] Seguridad: Conocimiento seguro y cierto de algo.
[27] Confianza: Seguridad y esperanza firme que se tiene en alguien o en algo.

sueño siguiera transmitiéndose a generaciones futuras aún después de su muerte.

Si tú observas la historia de su vida unos 13 años previos a su muerte y comparas la seguridad que él desarrolló en la manera de expresarse, te darás cuenta que existe una diferencia muy notoria. Desde mi punto de vista, lo que pasó fue que con los años y conforme él veía que a más personas les era significativo lo que él decía y que su sueño lo compartían cada vez más personas, su seguridad fue subiendo de nivel, pues no estaba solo, contaba con más personas querían lo mismo y tenían un sueño similar.

En mi propia experiencia personal, he notado mi avance en el desarrollo de la Seguridad en mí misma y lo que me ha apoyado a desarrollarla es la "congruencia", déjame te cuento:

Cuando las personas somos congruentes, auténticas y no estamos tratando de ser alguien más, no hay falsedad y la buena noticia es que cuando hay verdad, las probabilidades de que la seguridad emerja de manera natural, se incrementan muchísimo, debido a que te sientes segura; ya que hay congruencia entre lo que piensas y haces.

Como has leído anteriormente, y seguro has sacado tus conclusiones, muchos de los aliados o personajes que he estado sugiriendo, no deben faltar en "La Historia de tu vida", y se van complementando o apoyando unos a otros.

¡Sí!, tienes toda la razón. Para desarrollar la Seguridad en ti misma, debes de comenzar a creértela y esto implica creer en lo más profundo de tu Ser y atreverte a comenzar.

¡Sí!, también debes de inspirarte en personas que tuvieron la seguridad en ellos mismos y lograron materializar sus sueños.

¡Sí!, es correcto, debes de asegurar una gran dosis de pensamiento positivo, ya que puede ser tu caso que por muchos años hayas estacionado o sacado de tu obra a tu propio personaje, no te culpes ni te preocupes, por el contrario, ocúpate de volver a hacer el *casting* y asegurar que en "La Historia de tu vida" esté presente la seguridad en ti misma.

Como has podido experimentar a lo largo de este libro, todo está escrito para ti, y al tenerlo en tus manos demuestra el interés que tienes en ti. Créemelo, el desarrollar la Seguridad en ti misma, permitirá que tengas en tu experiencia de vida un antes y un después. Quién más que tú para saber sí tienes esta seguridad y que puedes seguir desarrollándola.

Te explico, a largo de tu vida es seguro que tengas diferentes historias de éxito o episodios que requirieron de una enorme actuación de la Seguridad en ti misma. Bueno, pues a continuación en el siguiente espacio de Seguridad , te invito a escribir todas las grandes cosas que has logrado en tu vida y sin duda las lograste porque confiaste en ti y sabías que podías.

*Mis Logros...*

*¡Todo esto lo he logrado gracias a la seguridad en mí misma!*

¿Lo ves?, ¡Ya lo has hecho en otras ocasiones!, y seguro con esta sacudida que le hemos dado a tus recuerdos, aumentan las probabilidades de que continúes firme en desarrollar cada vez a mayores niveles la Seguridad en ti misma.

Otra de las cosas que debes de vencer y enfrentar como una lucha pro—vida y por tu bien es al 'Juececito[28]'. Sí, el 'Juececito' es la voz que aparece en el interior de nuestra mente, de nuestros pensamientos, haciéndonos dudar de nosotras mismas, de nuestras capacidades; paralizándonos para que no tratemos de hacer algo que hemos querido hacer por años, etc. Si en este momento te preguntas y dices: "Yo no tengo esa voz en mi interior", pues con todo gusto en este momento te presento a tu 'Juececito'.

La manera que he encontrado de trabajar y controlar a este 'Juececito', es que cuando escuches esos pensamientos, esa voz que te dice: "que tú no eres capaz", "que ya lo has intentado otras veces y ha sido un fracaso", "que ya pares de hacer el ridículo", etc., es el momento que le digas: ¡Alto! y continúes hacia adelante con tu objetivo.

Lo que te puedo garantizar, (pues hemos sido testigos de cómo miles de personas han logrado detener a su 'Juececito'), es que si tienes la disciplina y determinación para controlarlo, seguro estarás en camino de lograr una mayor seguridad en ti misma.

---

[28]Juececito: Término acuñado y registrado por Ignius Innovation y que es un personaje fundamental en el taller de Ventas y Comunicación de Alto Impacto que Gustavo y Ana imparten.

De verdad que tengo tantas cosas que decirte y compartirte que me gustaría dedicarle mucho más tiempo al 'Juececito', sin embargo, estoy segura de que —en su momento—, debo dedicar todo un libro a dicho personaje, así que espero muy pronto sorprenderte y que lo tengas en tus manos.

La Seguridad en ti misma, implica creer que tienes la capacidad de alcanzar tu sueños, tus metas, tus objetivos[29] y para lograrlo debes exigirte a ti misma acción permanente y continua para conseguirlo. Deberás de ser consciente, estar atenta y *Despertar* para dominar los pensamientos negativos de tu mente y tener presente que sólo tú puedes controlar tus pensamientos, de verdad solo tú.

Para apoyar el desarrollo de la Seguridad en ti misma, a continuación te comparto una de tantas cosas importantes que Napoleón Hill le dejó al mundo. Es un bello escrito que si lo lees *despierta* y una vez al día o las que tú requieras, te aseguro que pondrá en tu mente pensamientos claros que te impulsarán y apoyarán en tu seguridad.

---

[29]OBJETIVO: Aspiración general y amplia que posiblemente abarca un período de tiempo largo y aproximado.

«*Si crees que estás derrotado lo estás.*
*Si crees que no te atreverás, no lo harás.*
*Sí te gustaría ganar, pero si crees que no puedes,*
*es casi seguro que no ganarás*».

«*Si crees que perderás has perdido, pues en el*
*mundo descubrimos que el éxito empieza en la*
*voluntad de una persona y todo depende de su*
*estado de ánimo*».

«*Si crees que eres superior lo eres, debes tener*
*pensamientos positivos para ganar, debes de estar*
*seguro de ti mismo para poder ganar algún*
*premio*».

«*Las batallas de la vida no siempre las gana el*
*hombre más fuerte o el más rápido, pero tarde o*
*temprano el hombre que gana es el que creé que*
*puede hacerlo*».

**Napoleón Hill**

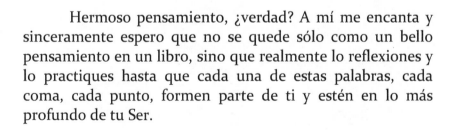

Hermoso pensamiento, ¿verdad? A mí me encanta y sinceramente espero que no se quede sólo como un bello pensamiento en un libro, sino que realmente lo reflexiones y lo practiques hasta que cada una de estas palabras, cada coma, cada punto, formen parte de ti y estén en lo más profundo de tu Ser.

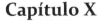

# Capítulo X

# Equipo

Como ves, seguimos avanzando y comprendiendo paso a paso a los aliados que no deben faltar en "La Historia de tu vida". Recuerda que el personaje principal de tu vida eres Tú y tú decides con quién cuentas, qué habilidades o nuevos hábitos debes desarrollar para lograr tus sueños y créeme que eso no depende de nadie más sino de ti y de quererlo hacer.

A continuación, compartiré contigo otros aliados claves de gran valor y que indudablemente forman parte de un Equipo de alto desempeño y que siempre están detrás del escenario para asegurar que toda "La Historia de tu vida" sea sorprendente, espectacular, inolvidable y memorable.

Así que te voy a presentar a este Equipo, integrado por: Iniciativa[30], Entusiasmo[31], Imaginación[32], Autocontrol[33], Cooperación[34] y Tolerancia[35].

---

[30]Iniciativa: Acción de adelantarse a los demás en hablar y obrar.

[31]Entusiasmo: Exaltación del ánimo, excitado por algo que admiras o te cautiva.

[32]Imaginación: Facilidad para formar nuevas ideas, proyectos. Facultad del alma que representa las imágenes de las cosas reales o ideales.

[33]Autocontrol: Capacidad de controlar los pensamientos, impulsos y reacciones de uno mismo.

[34]Cooperación: Colaboración con otro u otros para lograr un mismo fin.

[35]Tolerancia: Respeto a las ideas, creencias o prácticas de los demás cuando son diferentes o contrarias a las propias.

Sí, son bastantes y como en las grandes producciones de Broadway, son un Equipo muy profesional y son otros aliados claves que te recomiendo integrar en el escenario de tu vida; ya que te respaldarán con la aportación de su fuerza, experiencia y conocimiento para hacer que las cosas sucedan y que realmente el espectáculo sea inolvidable.

Y como estamos ya en plena función, continuemos....

**Iniciativa** es un motor fundamental en la vida. La iniciativa es la responsable de que las cosas sucedan en la vida. Estarás de acuerdo conmigo que cuando has tomado la iniciativa en cualquiera de las actividades que te propusiste realizar, el resultado fue sorprendente para ti y otras personas, ¿verdad?

Bueno, pues con Iniciativa puedes lograr tus sueños y emprender la acción, créeme que quien haya logrado algo no fue por buena suerte o porque tenía algún don especial; dicha persona hizo algo sorprendente y fue por apoyarse en su iniciativa.

La realidad es que si quieres y tienes la intención de comenzar y llevar a cabo tus sueños, la Iniciativa será tu mejor aliado, independientemente de que tu sueño sea pequeño o muy ambicioso. Para lograrlo requerirás de iniciativa; para empezar y continuar, requerirás de iniciativa; para exponer tu sueño con más personas, requerirás de iniciativa; para atreverte y hacer algo que nunca has hecho, requerirás de iniciativa; para día a día hacer lo que te hayas propuesto y poder concretar tus metas y objetivos y por lo tanto avanzar en tu vida, requerirás de iniciativa.

Como leíste anteriormente, es urgente que comiences a buscar e identificar dentro de ti y hacer lo necesario para que Iniciativa se encuentre en tu próxima experiencia de vida.

Para que la iniciativa siempre esté presente en tu vida, es importante desarrollar y tener contigo también, el siguiente aliado: El Entusiasmo.

Sí, el **Entusiasmo** es un aliado que me encanta. Si yo pudiera sugerir algo a Dios o a la persona en quien tú creas, le diría que para la próxima versión de seres humanos (ya mejorada), no olvide agregar el entusiasmo dentro del cuerpo humano y que asegure que el entusiasmo corra por la sangre de cada persona.

Sí, es lo que yo pienso, el Entusiasmo lo debes de entender como un sinónimo de vida. A una persona con poco entusiasmo o cero entusiasmo, le recomiendo asistir urgentemente al doctor, pues corre un riesgo terrible de comenzar a decaer y poco a poco ir mermando su vida y lo más grave es que también puede infectar la vida de otros.

Recuerda la última vez que sentiste Entusiasmo, ¿Qué experimentaste?, ¿qué sentiste?, ¿cómo pasó el tiempo durante esta vivencia?, ¿cómo te estás siendo ahorita al recordarlo? ¿Lo ves?, ¡El entusiasmo nos hace sentir que estamos vivas!

Por favor, agrega desde este momento una gran dosis de entusiasmo a tu vida y a todo lo que hagas. Créeme que si sientes entusiasmo, en lo más profundo de tu Ser tendrás como un resorte interno que provocará que tu iniciativa sea cada vez mayor.

Un último consejo para conectarte más con el Entusiasmo: Cuida tu salud y has ejercicio frecuentemente y

—no es ningún comercial—, es en serio y lo tengo comprobado; pues al estar sana, tu nivel de energía aumenta y con el ejercicio realmente te sentirás mejor, tu personalidad se vuelve más agradable al estar en tu peso y tendrás salud para actuar y alcanzar tus sueños.

¡Listo!, seguimos adelante ahora con: **Imaginación**. Primeramente quiero hacer notar que las grandes cosas o inventos que tenemos hoy en día y que son parte fundamental de la vida, no surgieron por arte de magia. Surgieron de una idea que alguien imaginó en algún momento, se entusiasmó con esta idea y tomó la iniciativa de hacerla realidad. Sí, así fue y así seguirá siendo por el resto de nuestra Historia.

La Imaginación es la luz interna que se enciende en nuestra mente, en nuestros pensamientos, y permite que generemos y materialicemos cosas que nunca hubiéramos pensado.

La Imaginación es el motor de los genios, de los inventores, de las personas que desafían la Historia y retan algo que ya está creado y con el poder de su imaginación logran algo mejor.

Si eres un ser humano de carne y hueso y estás segura de que tienes un cerebro, puedo garantizarte sin temor a equivocarme, que tienes imaginación.

Probablemente está algo abandonada y empolvada en tu interior, y —si éste es el caso—, comienza a imaginar y "reaprende".

Comento que debemos de "reaprender", pues cuando éramos niñas imaginábamos a la máxima potencia, sin embargo, cuando comenzamos a crecer, esta potencia fue disminuyendo por muchos factores o comentarios como: "No seas ridícula", "eso no puede ser posible", "deja de fantasear", "aterriza, estamos en el mundo real" y definitivamente todo esto lo que hizo fue enfermar nuestra imaginación y en algunos casos...... dejarla paralizada.

Lo que te sugiero, es retomar de nuevo este poder maravilloso que está en tu interior y comiences de nueva cuenta a imaginar. Y si tu Imaginación ha sido demasiado bloqueada o encajonada en lo más profundo de tu Ser, mi mejor recomendación es que entres en contacto con niños, ¡Sí!, niños de carne y hueso que aún siguen imaginando y por favor, aprende de ellos, y sé una guardiana de su imaginación y has lo que esté en tus posibilidades para que nunca pierdan este poder.

Ahora te hablaré del **Autocontrol**, un aliado muy poderoso.

En base a mi experiencia, mi mayor recomendación es que el autocontrol siempre debería de estar presente en nuestras vidas, relaciones personales y laborales; en nuestros pensamientos; en nuestros hábitos; debido a que considero que es una aliado esencial para seguir desarrollándonos y conseguir nuestros sueños.

Estoy segura de que hasta este momento te sigue haciendo sentido lo que estás leyendo, pues ahorita que te hablé de Autocontrol y muy seguramente entiendes que necesitas también invitarlo a tu vida para conseguir y lograr hacer realidad tus sueños.

Requieres de autocontrol para controlar los pensamientos negativos o emociones negativas que de repente, y con frecuencia, entran a tu vida.

Requieres de autocontrol para desarrollar hábitos positivos que te impulsen a lograr tus sueños.

Requieres de autocontrol para saber comportarte y no desgastar tu vida hablando de manera negativa de lo que te pasó, de lo que te está pasando o de lo que otros o la vida te ha hecho.

Requieres de autocontrol para dominar consistentemente las actividades que realizar día a día y lograr desarrollar la disciplina para hacer las cosas cuando las tienes que hacer.

El Autocontrol le brindará a tu vida equilibrio emocional y paulatinamente te permitirá actuar con más congruencia, hasta que llegues a dominar este arte.

Del autocontrol pasaremos ahora a la **Cooperación**. Toda vez que en la obra de tu vida también deberás procurar el apoyar, alentar y brindar servicio a más personas, porque no estás sola y créeme que en algún momento, tú necesitarás la cooperación de otras personas para lograr tu propósito, meta o sueño. Las personas que son exitosas no logran triunfar solas, requieren de un equipo organizado con el que se compartan intereses y valores para lograr lo que se han propuesto.

Cooperación implica una o más personas. Henry Ford a principios del año 1900 precisó de un equipo de personas que cooperara con él para la realización de su sueño, que era lograr un coche para toda persona y la construcción del motor V8, que en aquella época era prácticamente imposible.

Henry Ford no tuvo una larga preparación académica, lo que sí tuvo fue una iniciativa formidable de atreverse y desafiar esquemas que en ese momento eran imposibles. Él claramente se imaginó que podía existir un motor V8, se entusiasmó a niveles muy altos y comenzó a reunir a un grupo de personas que en conjunto cooperaran y lograran el sueño inicial. Sé que suena muy fácil leer "que lograran el sueño inicial", sin embargo, a lo largo de su historia fue necesario que Henry Ford desarrollara un autocontrol sorprendente, pues diversas personas comenzaron a oponerse a su iniciativa, hubo huelgas y diferentes problemas que si Ford no se hubiera controlado, seguramente el mundo y nosotros en este momento nos hubiéramos perdido de este ejemplo. Claro que se controló y logró dominar sus pensamientos, sus emociones, y se mantuvo con la seguridad de que su idea tenía que hacerse realidad y el resto de la historia ya la sabes, y sino la sabes, date el tiempo de leer una breve biografía o buscar algo en Internet acerca de esta magnífica historia de vida.

Efectivamente, y desde mi opinión personal, el relato anterior nos describe un claro ejemplo de que Henry Ford logró con éxito su sueño gracias a que no estuvo solo. Él supo reunirse con un equipo de personas que en su conjunto se coordinó y cooperó para lograr el objetivo.

De verdad, si tienes en mente llevar a la acción alguno de tus sueños, no dudes en asegurar la cooperación de más personas en el mismo y no olvides hacer un *casting* súper profesional para que te asegures de que cada persona que vaya a cooperar contigo tenga alguno de los siguientes aliados: Un alto Entusiasmo, Iniciativa, Pasión, Autocontrol, Imaginación, Tolerancia y que también tenga sueños.

Y para cerrar esta presentación, me resta hablar un poco de **Tolerancia**, y me gustaría dar un tributo muy especial a la persona que identificó y puso esta palabra en nuestro vocabulario, de verdad que se sacó un 10, como las 10 letras que la integran.

En la actualidad, créeme que muchas personas están reprobadas en el uso y la comprensión de esta palabra, la falta de tolerancia nos ha llevado a la generación de la violencia a niveles que nunca imaginamos. Es cierto, cada día las personas son menos tolerantes a convivir con otros seres humanos; son menos tolerantes a aprender de los errores; son menos tolerantes a la frustración; son menos tolerantes aceptarse en lo individual y mucho menos tolerantes a aceptar a otros tal y como son, etc.

Sé que pudiéramos tener una charla muy prolongada acerca de la falta de tolerancia y sin duda, algún día la tendremos, pues es un tema de conversación importante y ameritará comenzar a ponerle atención.

Si en este momento tienes en tu mente la siguiente pregunta: "¿Y la Tolerancia qué tiene que ver con mi éxito o con mis sueños?".

Si me permites, comenzaré responderte. La Tolerancia es un aliado clave para el logro de nuestros sueños y créeme que se requiere a grandes dosis, pues muchas veces al estar trabajando en la realización de tus sueños, pudiera pasar de que las cosas no estén saliendo como tú esperabas y —si éste fuera tu caso—, será el momento preciso y adecuado de invitar a la Tolerancia. Sí, requerirás desarrollar en todo momento una tolerancia a la frustración para seguir avanzando.

Recuerda que el fracaso y la frustración son sólo el resultado negativo de lo que tú estás buscando, es tu responsabilidad volver a intentarlo una y otra vez para acercarte cada vez más al resultado positivo que esperas obtener. El fracaso....

Si me permites, interrumpiré el párrafo anterior, para comentarte que te recomiendo ampliamente hacer una reprogramación del significado de una palabra, y la palabra es: 'Fracaso[36]'. Para muchos y para mí, el enemigo más malo y maldito de los sueños. Sí, muchas personas aprendieron en algún momento que el 'fracaso' es como una marca que hace que la persona se frustre y ya jamás intente o vuelva intentar lo que no le salió.

Bueno, en mi experiencia personal y que quiero compartir contigo, es que yo continuamente tengo el reto de eliminar por completo de mi vocabulario la palabra 'fracaso' y cuando aparece algún obstáculo o las cosas no funcionan o no salen de acuerdo a lo previsto, la palabra que uso es: "Aprendizaje[37]".

Sí, este simple cambio me permite avanzar y entender que ya aprendí que por ahí no era el camino, de que necesito hacer algo diferente si quiero progresar y para mí, mi mayor inspiración en este punto es Thomas Alba Edison, una persona que aprendió del "ensayo y error", al intentar 10,000

---

[36]Fracaso: Resultado adverso de una meta, sueño o negocio.
Aprendizaje: Acción y efecto de aprender algún arte, oficio, u otra cosa y el tiempo que tomas en dominarlo.
[37]Aprendizaje: Acción y efecto de aprender algún arte, oficio, u otra cosa y el tiempo que tomas en dominarlo.

maneras diferentes hasta llegar a crear el foco. Imagínate si tan sólo en los primeros intentos se hubiera quedado paralizado, desilusionado, desmotivado; pues te aseguro que la Historia no sería como la conocemos hoy.

Sin embargo, la realidad de muchas personas es renunciar, desistir, abandonar y no luchar por sus sueños cuando en los primeros intentos las cosas no salen como esperaban, —si es tu caso—, por favor, sigue el camino de Edison y aprende de todo lo que no ha funcionado y sigue intentando. Edison lo hizo 10,000 veces más, es un excelente ejemplo de con paciencia[38] y determinación las cosas se logran y se hacen realidad.

La Tolerancia tiene que ver con la capacidad de "aprender" que vayas desarrollando; tiene que ver el ser paciente y tolerante con las personas que están a tu alrededor; tiene que ver con las personas que están involucradas directamente y trabajando en conjunto contigo.

Recuerda: Con Iniciativa, Entusiasmo, Imaginación, Cooperación, Autocontrol y Tolerancia, aumentan las probabilidades de lograr tus sueños. Si te propones verdaderamente desarrollar en ti este Equipo de aliados con agrado, interés y disciplina, te garantizo resultados muy diferentes a los que has obtenido hasta el momento.

---

[38]Paciencia: Facultad de saber esperar cuando algo se desea mucho.

# Capítulo XI

## Acción

> *"Hoy haré todo lo que tenga que hacer, cuando haya que hacerlo y como debo hacerlo. Realizaré las tareas más difíciles primero porque eso acabará con el mal hábito de la postergación y en su lugar desarrollaré el hábito de la ACCIÓN[1]".*

¡Sí!, ACCIÓN, como en los grandes espectáculos: "Luces, cámara, ¡ACCIÓN!...

**Acción** es otro gran aliado que no debemos olvidar. Y ya casi llegando al final de este libro, quiero retomar nuevamente que sin acción *no pasa nada* con tus sueños, ni con tus proyectos o metas y que siempre requeriremos de actuar y ponernos en marcha para que las cosas sucedan.

Y para tener presente esto que te digo, te comparto otra de las palabras que he eliminado de mi vocabulario y es la palabra 'mañana', una palabra que también tiene seis letras y no tiene nada en común con acción. Yo pienso que 'mañana' es una de las palabras más dañinas que pueden salir de la boca de cualquier persona, en el contexto de que una vez que entres en el juego del 'mañana' las probabilidades de que no llegues a realizar tus sueños aumentan de manera exponencial, pues la realidad es que entre más mañana y postergación[39] le pongas a lo que tienes que hacer, más tarde llegarás a realizar tus sueños.

Porque el tiempo..., ya lo dijo Gary Jennings, (autor de Azteca), es una de las cosas que no se puede comprar, el tiempo no lo recuperamos y al no recuperarlo lo perdemos. Si ya no hay más tiempo, si no valoras tu tiempo como el activo más valioso que tienes, es muy probable que te lleves mucho más tiempo en realizar tus sueños y debo decirte que entre más tiempo pase en poner Acción y hacer lo que debes de hacer para asegurar la realización de tus sueños, corres el grave riesgo de nunca hacerlos realidad...

Por favor, ya lo dijo alguien antes que yo, «*No dejes para mañana lo que puedes hacer HOY*». Sí, enfócate con disciplina, autocontrol y determinación en hacer lo que sabes que tienes que hacer, cuando lo tienes que hacer.

Te garantizo que si actúas y vas haciendo algo día a día para alcanzar tus sueños, la probabilidad de que se hagan realidad va a aumentar considerablemente, así que por favor, invita a la Acción a tu vida y vive la vida que en lo más profundo de ti, sabes que puedes hacer realidad.

---

[39]Postergación: De manera consciente dejar atrasado algo en el tiempo y que no fue realizado cuando debería haber sido hecho.

Por último, grábate en tus mente las siguientes palabras: **¡Hazlo Ahora!,** y cuando tengas pereza o no tengas ganas de hacer lo que sabes que tienes que hacer, por favor recuerda estas palabras: **¡Hazlo Ahora!**

# Capítulo XII

## Despertar

Al inicio de este libro lancé un reto para ti, y para ser exacta fue el siguiente: "Te reto a descubrir por qué este libro lo he llamado *Despertar*[40]".

¿Sabes ya la respuesta?, estoy segura de que sí. Este libro tiene la intención desde lo más profundo de mi Ser de aportar algo para que cada vez más y más personas *"Despierten"* y vivan su vida con plenitud. La realidad es que es un poquito más de esfuerzo, pero el beneficio para ti, para tu familia, para tus compañeros de trabajo nunca se podrá comparar.

Cada persona esté donde esté, lo quiera o no, está viviendo, representando, o metafóricamente escribiendo su propia historia, y qué mejor que de una manera consciente, clara, con los ojos bien abiertos, feliz y con plenitud puedas escribir tu propia historia.

*Despertar* es una invitación clara y consciente[41] a actuar y dar el máximo de ti en cada momento, es una invitación a cumplir tus sueños, tus objetivos, tus metas, tu propósito en la vida.

---

[40] Despertar: Hacer que alguien vuelva sobre sí o recapacite.
[41] Consciente: Que siente, piensa , quiere y obra con conocimiento de lo que hace.

*Despertar* es una responsabilidad que tiene todo ser humano para realizarse al máximo y lograr su felicidad.

*Despertar* es y será siempre tu decisión[42], tú decides qué hacer en todo momento en tu vida.

*Despertar* es la oportunidad de ganarte el oscar por el papel estelar en tu propia vida.

Despertar, Despertar, Despertar, Despertar, Despertar, Despertar, Despertar...

*"Despertar es sólo tu decisión".*

Por favor, si todo lo que leíste aquí te hizo sentido y sabes que puede representar la diferencia en "La Historia espectacular de tu vida", sólo te pido una cosa....

# ¡POR FAVOR
# DESPIERTA!

---

[42]Decisión: Determinación, resolución que se toma o se da respecto a diferentes opciones.

Un último favor, hemos aprovechado el espacio que nos brinda la tecnología y hemos abierto un *foro* que sin duda iniciará un movimiento gracias a todas las personas que tengan en sus manos este libro.

Te invitamos a participar y compartir tu testimonio en www.despertemos.net

«*No desgastes tu vida demostrando lo que eres capaz, simplemente asegúrate de vivirla haciendo todo lo que eres capaz de hacer*».

Ana María Godínez

## Mi Despertar

En primer lugar, quiero agradecerte por llegar al final de este libro y comenzar una nueva aventura en "La Historia de tu vida".

Quiero compartirte Mi *Despertar,* un despertar que sin duda influyó al 100% para que este libro se haya escrito y le agradezco a la vida y a todos los factores que han apoyado mi despertar.

Mi vida hasta hace algunos años era perfectamente normal, como la mayoría de las mujeres. Ya casada con Gustavo trabajaba en algunos proyectos relacionados con mi carrera y algunos negocios independientes que me permitían sentirme útil y ocupar mi tiempo.

Todo cambió para mí cuando Gustavo fue despedido de la compañía en la que había trabajado por casi quince años, quince años donde gracias a muchas personas de esta empresa yo tuve la oportunidad de aprender, de viajar, de conocer personas maravillosas que influyeron a que mi contexto fuera mayor.

Hoy en retrospectiva, veo todas estas experiencias positivas como una gran estrategia de mi destino para tener las experiencias que hoy conforman a Ana. Sí, incluso la salida de Gustavo de su compañía, sí, lo digo de verdad y con toda la honestidad que soy capaz de decirlo y doy gracias de que nuestra historia se haya dado de esta manera. Fue una gran estrategia de los aliados claves que en este libro te he presentado, sólo que en ese momento, —por haber estado "dormida"—, no los vi. Ahora que he despertado, los veo claramente y me doy cuenta que siempre estuvieron conmigo, apoyándome en todo momento y haciendo lo necesario para que yo despertara... y ¿Sabes qué?... ¡Lo lograron!.

Pues este acontecimiento fue el mayor detonador en mi *Despertar*, fue como dinamita que apareció de repente, ¡¡Pummm!!, y nos hizo empezar de nuevo a forjar otro camino y cimentar las bases de uno de los negocios de nuestra vida, que ha sido la piedra angular en el desarrollo de otros.

Como normalmente pasa cuando a tu esposo le va muy bien en la parte profesional y económica, yo estaba dedicada la mayor parte de mi tiempo al hogar, a leer y a disfrutar sin necesidad de trabajar formalmente, y cuando viene este cambio en nuestra vida, decidimos iniciar por nuestra cuenta y comenzar nuestra empresa.

El inicio fue inolvidable y espectacular, el diseño de la marca, el plasmar la visión y todo lo que imaginábamos que podíamos lograr y después de unas semanas de vacaciones y de clarificar nuestro rumbo, comenzamos con *"Ignius"* nuestra primer empresa.

Gustavo y yo siempre hemos tenido una relación excelente y como esposo me ha permitido desarrollarme y ser yo misma, sin embargo, al comenzar a interactuar con más personas principalmente hombres, me di cuenta que no todo era como yo pensaba, hubo muchas reuniones donde ejecutivos de diferentes empresas sólo me veían como la esposa de Gustavo, —si bien me iba— y hubo otros que literalmente me ignoraban, sin embargo, no sabes cuánto agradezco que haya sucedido esto, ya que estos hechos apoyaron y forzaron a que yo desarrollara aliados como:

- El Autocontrol, sí, el autocontrol y la seguridad en mí misma para no salir corriendo de la sala cuando me sentía ignorada.

- Un Entusiasmo natural y honesto para ofrecer los productos que habíamos desarrollado.

- Un Pensamiento positivo de que nos tenía que ir excelentemente bien en nuestro emprendimiento; un pensamiento positivo de que yo era más que la esposa de Gustavo y que sabía que podía aportar algo bueno; un pensamiento positivo de que íbamos a estar muy bien.

- La Tolerancia a aprender de que no todas las personas ven el mundo de la misma manera que una lo ve, la tolerancia a seguir adelante a pesar de los errores que un inicio cometí.

Estos fueron algunos de los aliados o personajes co—estelares que empecé a incluir en mi nueva historia, y la realidad con uno de los que más tuve que ensayar y practicar una y otra vez fue con la Seguridad en mí misma, y créeme que el dominar este personaje me llevó un poco más de tres años; ya que como Gustavo era una persona reconocida por su inteligencia y capacidad de negociar —entre muchas otras—, pues ya verás que en mi cabeza el 'Juececito' estaba como personaje principal y entonces comenzaron a aparecer las voces, las diferentes voces en mi cabeza que me decían: "que Ana no era igual que Gustavo", "Ana no ha trabajado en una empresa importante", "¿qué puedes tú enseñar o aportar al negocio?", "Ana, eres Psicóloga, pero no eres Ing. Industrial", "Ana, tú no tienes nada que estar haciendo en este mundo de hombres", "Ana, ni te pelan, ¿qué estás haciendo en este lugar?" Bueno, estos fueron algunos de los pensamientos que me atormentaban y antes no me volvieron loca y créeme que te estoy platicando los "ligeritos".

Sí, sé que en este momento tú sabes cuáles son las vocecitas que no te permiten estar 100% Despierta y lo que te puedo decir y recomendar con conocimiento de causa, es que debes de hacer algo y empezar a controlarlas pues si no, va a llegar un momento en que te secuestran y sólo vives como un factor natural y automático y te perderás mucho de tu vida.

Continuando con mi experiencia..., llegó un momento en que supe que algo tenía que pasar y sobre todo tenía que hacer y entonces continué desarrollando más amistad con otros aliados y comencé a ensayar con ellos una y otra vez para asegurarme de que fueran parte de mi historia, y con todo gusto, te comento lo que hice:

Profesionalicé mi personalidad de acuerdo a quien soy y poco a poco me fui sintiendo cómoda y hoy, me veo y me la creo que tengo una personalidad que es agradable a los demás.

En ese tiempo llegó a mi vida Napoleón Hill y desde el primer instante me encantó y comencé a comprender la información, lo que él hablaba en sus libros y decidí llevar a la acción todos sus conceptos y así como la mejor estudiante, me comprometí a estudiar y a vivir plenamente siempre de la mano de una actitud mental positiva.

Después comencé a leer mucho más y a encontrar personajes en la Historia que me inspiraban y los elegí como mis grandes maestros y, debo decirte que a este día algunas de sus características o habilidades las estoy dominando, y me han dado un aprendizaje que ni en la mejor universidad del planeta me hubieran brindado.

Asimismo, el conocer, identificar y comenzar a trabajar con mi propio 'Juececito', fue el otro detonante fundamental en mi *Despertar* pues, al sentirme segura de mí misma, sin dudas y pensamientos que me atemorizaban, automáticamente comencé a desarrollar cada vez mayor Iniciativa, Imaginación, Emoción y Cooperación.

Identifiqué entonces mi Pasión, una pasión natural que tengo, que me permite expresar con sensibilidad y emoción cada actividad que realizo en nuestras empresas y, con el tiempo, también me fui dando cuenta y comprobé que realmente amo lo que hago y lo amo tanto que no es para mí un trabajo, realmente lo disfruto y a veces el cansancio pasa a segundo término.

Y hoy, mi historia es que me siento plena, feliz, *Despierta*. ¡Sí!, ya de verdad estoy despierta y ahora estamos trabajando fuertemente con uno de los sueños más ambiciosos de nuestra vida y por lo tanto, nuestra Concentración está enfocada en llegar a hacer realidad la red más grande de conocimiento, competitividad y progreso para todo el mundo: Big River®, International Progress Network.

En resumen, soy una persona que sigue y seguirá soñando siempre; soy una persona que quiere vivir y siempre tener en mi mente, en mis pensamientos, en mi corazón y en mi actuar todos estos aliados claves y sobre todo, sigo abierta a seguir aprendiendo y descubriendo nuevos aliados que me permitan sentirme viva y por lo tanto disfrutar la historia de mi vida con plenitud y felicidad.

Te agradezco el que me hayas permitido compartirte un poco de mí. Te deseo todo el éxito y recuerda que un detonador que puede apoyar a tu *Despertar* es tener siempre en tu mente:

**¡Sé que puedo y lo haré!**

*Con todo mi cariño,*
*Ana María Godínez González*

Mi agradecimiento más sincero para ti por haber compartido este tiempo conmigo y de corazón deseo que algo de este libro te haya hecho sentido y lo lleves a la acción.

Gracias por ser parte de este sueño, cuya visión es compartir mi aprendizaje e historia a todas las mujeres del planeta.

Te deseo todo el éxito y espero saber de ti.

# <u>Recomendaciones finales</u>:

1. Mantén siempre en tu mente tus *sueños*.
2. Revisa los planes y acciones necesarias para cumplir tus sueños. No permitas que este libro se quede sólo como una bonita experiencia, por favor llévalo a la *acción*.
3. De por vida sé *agradecida* por todo lo que has obtenido, y recuerda siempre al final de tu día escribir tus tres agradecimientos principales.
4. Aprende de cada resultado negativo que obtengas y vuelve a intentar mejorarlo una y otra vez.
5. Desarrolla tu *concentración* y enfócate en conseguir tus sueños. Sé una luchadora incansable.
6. Utiliza la *cooperación* y la *tolerancia* para convivir en armonía con todos los que te rodean; recuerda que no alcanzarás el éxito sola.
7. Desarrolla una *personalidad agradable,* que sea atractiva y que cautive a cada persona que conoces y conocerás en tu vida.
8. Conserva siempre en tu vida la *actitud mental positiva*; sin ella son muy pocas las probabilidades de alcanzar el éxito.
9. *Cree* en ti, en tus sueños y *atrévete* a conseguirlos, lucha siempre hasta que se hagan realidad.
10. La *iniciativa* es el motor más poderoso para que las cosas cambien y suceda todo lo que tienes en mente.
11. Sé una guardiana de tus pensamientos y asegúrate de siempre tener *pensamientos positivos* en tu mente.
12. *Inspírate* y aprende de cada persona que puedas.

13. Mantén el *entusiasmo* en tu vida y permite que el *autocontrol* canalice toda tu energía para hacer cosas constructivas.

14. Siempre ofrece tu máximo esfuerzo en TODO, lucha por lograr la excelencia y eliminar la mediocridad.

15. Desarrolla la *seguridad* en ti misma, que es la base de todo éxito y logro en la vida, y recuerda: "**¡Sé que puedo y lo haré!**".

*"Despierta el gigante interior que tienes, abraza tu vida y las oportunidades que se te brindarán".*

Ana María Godínez.

# Ana María Godínez

Psicóloga, Empresaria, Escritora, Conferencista, Máster en Dirección Estratégica y Gestión de la Innovación.

Experta en Grupos Operativos, Entrenamiento Dinámico, Liderazgo y Ventas; especializada en Procesos Organizacionales y de Negociación.

Ha implementado exitosamente nuevas perspectivas en Competitividad, Liderazgo, Ventas, Estrategia y Excelencia, generando un gran poder de transformación dentro de las organizaciones.

Además, es reconocida por sus "video-entrenamientos" que, mes a mes, llegan a miles de personas en toda América.

Es socia Directora de Ignius Media Innovation® y Big River®, empresas dedicadas al descubrimiento y puesta en práctica a nivel Internacional de diversos métodos que permiten a las personas expandir sus capacidades al máximo, para crear y desarrollar gobiernos, empresas y organizaciones eficientes, exitosas y altamente competitivas; generadoras de abundancia y bienestar para todos los seres humanos.

Es co-autora del libro "**El Prodigio**", y actualmente se encuentra escribiendo su tercer libro: "**La Casona**", a lanzarse en el 2010.

# Solicitud de Información

Por favor envíenme información acerca de:

- o Próximos talleres y eventos de Despertar.
- o Adquisición de libros y materiales de Despertar.
- o Adquisición de diversos materiales (libros, DVD´s, programas, etc) de Ana María.
- o Servicios especializados de asesoría.

Nombre: _____

Compañía: _____

Teléfono:_____ (_____) _____

Dirección:_____

Ciudad:_____ Estado:_____

C.P.:_____ País:_____

Notas adicionales: _____

_____

_____

Para recibir la información señalada, favor de enviar este formulario por fax a: **+52 (477) 773-0005**, o bien usa nuestro formulario electrónico en: **www.ignius.com.mx**